L. Günther

Das Rotwelsch des deutschen Gauners

Verlag
der
Wissenschaften

L. Günther

Das Rotwelsch des deutschen Gauners

ISBN/EAN: 9783957008466

Auflage: 1

Erscheinungsjahr: 2016

Erscheinungsort: Norderstedt, Deutschland

Hergestellt in Europa, USA, Kanada, Australien, Japan
Verlag der Wissenschaften in Hansebooks GmbH, Norderstedt

Das Rotwelsch
des deutschen Gauners

Das Rotwelsch

des

deutschen Gauners

von

Dr. L. Günther,

Professor an der Universität Gießen

Straßburg

Verlag von Karl J. Trübner

1905

Vorwort

ie vorliegende kleine Schrift ist aus einem Vortrag erwachsen, den der Verfasser im „Oberhessischen Geschichtsverein" zu Gießen infolge einer Aufforderung von dessen Vorstand im Dezember 1903 gehalten und darauf im Sommer 1904 in etwas erweiterter Gestalt in den „Grenzboten" (Jahrg. 63, Nr. 27, 29, 32 und 35) veröffentlicht hat. Für die Buchausgabe ist jetzt der Stoff abermals mehrfachen Veränderungen unterzogen worden. So wurden nicht nur einzelne Druckfehler und sonstige Versehen und Ungenauigkeiten, die sich in den Grenzbotenaufsatz eingeschlichen hatten, berichtigt und die Beispiele aus dem Rotwelsch teils verändert, teils vermehrt, sondern auch mehrere den Text ergänzende Anmerkungen hinzugefügt. Trotzdem hätte die Arbeit schon viel früher zur Ausgabe gelangen können, wäre nicht ursprünglich ein viel größerer Umfang der Anmerkungen in Aussicht genommen worden. Ich hatte nämlich beabsichtigt, hier zu jedem der im Text erwähnten Beispiele aus der Gaunersprache möglichst umfassende Belege aus den Quellen zu geben — wofür die Vorarbeiten auch schon abgeschlossen waren —, ferner eingehendere etymologische Bemerkungen, namentlich zu den rotwelschen Vokabeln fremden Ursprungs, sowie ausführliche Literaturangaben zu sämtlichen Teilen der Arbeit zu bringen und endlich noch eine Reihe längerer Exkurse zu zahlreichen im Texte nur mehr oder weniger flüchtig berührten Gegenständen hinzuzufügen, wie zum Beispiel über die Ausdrücke der Gaunersprache für die verschiednen Berufsarten, die Delikte und die dabei gebräuchlichen Werkzeuge, für die Vergnügungen der Gauner (Essen, Trinken, Tanzen, Kartenspielen in den Wirts-

hausern usw.), das Geld und die einzelnen Münzsorten, für die
Strasen, über die geographischen Bezeichnungen u. a. m. Bei dieser
Art der Behandlung des Stoffs würden dann freilich die An=
merkungen eine Ausdehnung gewonnen haben, die mit der ver=
hältnismäßig knappen — nicht bloß für Fachleute berechneten —
Fassung des Textes in gar zu schroffem Gegensatze gestanden
und viele Leser wohl geradezu davon zurückgehalten hätte, sich
näher mit dem Inhalte des Buchs zu beschäftigen. Wahr=
scheinlich hätte es dann auch nicht vor Ende dieses Jahres, ja
möglicherweise erst nach der Vollendung des zweiten Bandes
von Kluges „Rotwelsch" erscheinen können. Dann aber wäre es
sozusagen „deplaziert" gewesen, da ja ganz ohne Frage gegen=
über dem von jahrelanger Arbeit dreier hervorragender Fach=
gelehrter (vgl. Text S. 14) zu erwartenden Werke jede dem=
selben Thema gewidmete Schrift eines Einzelnen, und vollends
eines „Dilettanten" wird zurücktreten müssen. So kam ich denn
dem Wunsche der Verlagsbuchhandlung nach einer Kürzung des
Anmerkungenmaterials im ganzen nicht ungern nach, zumal sich
daraus auch die Annehmlichkeit ergab, die Noten nicht in einem
gesonderten — ein fortwährendes Hin= und Herblättern er=
fordernden — „Anhang" unterzubringen, sondern unmittelbar
zu den einschlägigen Stellen unter den Text zu stellen. Auf
die Quellenbelege habe ich freilich nicht überall Verzicht leisten
mögen, und wo es doch geschah, dies nicht immer ganz leichten
Herzens getan. Wer nämlich mit der Eigenart des Rotwelsch
noch nicht näher vertraut ist, dem möchte vielleicht manches ohne
Quellenangabe angeführte sonderbare Sprachgebilde als eine aus
der Phantasie des Verfassers entsprungne Schöpfung erscheinen,
und doch ich kann versichern, daß wissentlich kein einziges Wort
unter die Beispiele aufgenommen worden ist, für das nicht
wenigstens ein Beleg in den Quellen zu finden wäre. Für
die Leser, die sich etwa selbst an der Hand der Quellen mit
dem Stoffe noch näher beschäftigen möchten, habe ich in einer
Fußnote auf Seite XII solche Arbeiten und kürzere Hinweise
angeführt, die über die wichtigsten bisher erschienenen

Veröffentlichungen betreffend unser Rotwelsch und andre Gauner=
sprachen und Geheimsprachen Aufschluß geben. Unter diesen stellen
die von mir benutzten Werke (vgl. die Übersicht auf S. XII ff.)
nur einen Bruchteil dar. Abgesehen von Avé=Lallemants
„Deutschem Gaunertum" und Band I von Kluges „Rotwelsch"
— das stets in erster Linie zu Rate gezogen worden ist — haben
sich mir namentlich auch die Wörtersammlungen von von Grolman
und Karmayer sowie die neuern Vokabularien von H. Groß,
W. Schütze und M. Pollak (in Groß' Archiv für Kriminal=
Anthropologie usw., Bd. XII, S. 62 ff., Bd. XV, S. 203 ff.) als
reichhaltige Fundgruben erwiesen.

Da sich die Arbeit keineswegs darauf beschränken wollte,
das rotwelsche Wortmaterial, das noch in der Gegenwart im
praktischen Gebrauch ist, zusammenzustellen (wie dies kürzlich
Schütze a. a. O. getan hat), der Verfasser vielmehr bestrebt war,
tiefer in Geist und Wesen der Gaunersprache als etwas ge=
schichtlich Gewordnem einzudringen, so mußte das jetzt ver=
altete Sprachgut früherer Jahrhunderte ebensowohl für die Dar=
stellung herangezogen werden, wie die Wortlisten aus der neuesten
Zeit. Ferner konnten in räumlicher Hinsicht die politischen
Grenzen des Deutschen Reichs nicht auch als Schranken für die
zu benutzenden rotwelschen Quellen in Betracht kommen. Denn
„soweit die deutsche Zunge klingt" gibt es auch eine deutsche
Gaunersprache, und wenngleich zum Beispiel der Verbrecher=
jargon jenseits der schwarzgelben Grenzpfähle manche eigentüm=
liche, sonst nicht gebräuchliche Ausdrücke enthält, so steht er
andrerseits — wie die neueste Arbeit über die Wiener Gauner=
sprache von M. Pollak bewiesen hat — doch vielfach auch in
mehr oder weniger genauer Übereinstimmung mit dem Sprach=
schatze der „reichsdeutschen" Gauner. Zuweilen wurden auch Be=
zeichnungen aus der — mit dem Rotwelsch im engern Sinne
nahe verwandten, aber doch davon zu sondernden — soge=
nannten „Kundensprache" (d. h. der Sprache der wandernden
Handwerksburschen und sonstiger Vagabunden) sowie aus den sehr
interessanten, durch Kluges Quellenwerk uns jetzt in viel größerm

Umfange als bisher zugänglich gemachten deutschen „Krämer=
sprachen" zum Vergleiche herangezogen; ja endlich konnte ich
auch der Versuchung nicht widerstehn, hin und wieder einmal
den Blick über die deutsche Sprachgrenze hinaus zu den Gauner=
jargons andrer europäischer Nationen schweifen zu lassen. Auch
wenn man J. M. Wagner nicht ohne weiteres beizupflichten
vermag, der einst (in Herrigs Archiv für das Studium der
neuern Sprachen usw., Bd. 33, S. 275) Avé=Lallemant ge=
radezu einen „schweren Vorwurf" daraus gemacht hat, daß er es
unterlassen habe, „auch die übrigen (d. h. nichtdeutschen) Gauner=
sprachen in den Kreis seiner Betrachtung zu ziehn," so wird man
jedenfalls einräumen müssen, daß derartige,- schon an sich höchst
fesselnde sprachvergleichende Betrachtungen auch für die Erkenntnis
unsers heimischen Rotwelsch nur förderlich sein können. Jedoch
gebot mir die Rücksicht auf den Umfang der Arbeit, auch hierin
Beschränkung eintreten zu lassen.

Daß und warum das Hauptgewicht in der Schrift auf die
Darstellung der deutschen Bestandteile unsrer Gaunersprache
gelegt wurde, habe ich in den einleitenden Bemerkungen des
Textes selbst (S. 2 ff.) näher ausgeführt. Die Gründe dafür
sind — um es hier kurz zu wiederholen — einerseits die
Schwierigkeiten gewesen, die die fremdsprachlichen Elemente des
Rotwelsch dem Nichtphilologen zu bereiten pflegen, andrerseits
die Tatsache, daß gerade die in unsrer Muttersprache wurzelnden
Gebilde des Gaunerdeutsch in der bisherigen Literatur verhältnis=
mäßig viel zu wenig Beachtung, eine zu dürftige wissenschaft=
liche Behandlung gefunden haben. Was den ersten Punkt, die
Erschwerung des Studiums der deutschen Gaunersprache für den
„Laien" durch die Wörter fremden Ursprungs, betrifft, so ist
dabei ganz besonders noch des Hebräischen zu gedenken, dessen
ursprüngliche Formen in den durch Vermittlung des Juden=
deutschs zustande gekommnen rotwelschen Vokabeln meist nur der
Fachmann wiederzuerkennen vermag. Der Verfasser hatte sich
hierbei der stets bereitwillig gewährten Unterstützung des Herrn
Prof. Dr. Hans Stumme in Leipzig zu erfreuen, der, wie seine

kleine, aber gehaltreiche Schrift „Über die deutsche Gaunersprache und andre Geheimsprachen" (Leipzig 1903) dargetan hat, als eine Autorität auf diesem Spezialgebiete gelten darf. Seiner Vermittlung verdanke ich auch einige Bemerkungen von Professor Dr. E. Kautzsch in Halle. Außerdem ließ mir gleich nach dem Erscheinen meines Grenzbotenaufsatzes Herr Dr. Max Brann in Breslau, Dozent am dortigen jüdisch=theologischen Seminar und Herausgeber der „Monatsschrift für Geschichte und Wissenschaft des Judentums," aus eignem Antrieb eine Reihe wertvoller Mitteilungen über die jüdisch=deutschen Bestandteile der Gauner= sprache zugehn, wofür ihm auch an dieser Stelle mein Dank ausgesprochen sei.

Der zweite oben erwähnte Umstand, die Behauptung, daß die bisherige Bearbeitung gerade des einheimischen Wortschatzes im Rotwelsch allzu mangelhaft erscheint, läßt sich leicht beweisen, da noch immer so ziemlich das Beste, was darüber veröffentlicht worden ist, in einem nunmehr schon sechzig Jahre alten Buche enthalten ist. Ich meine die kurze, aber vortreffliche „Einleitung in die Gaunersprachen" zu Beginn des zweiten Bandes von A. F. Potts Werke über „Die Zigeuner in Europa und Asien" (Halle 1844/45), die anerkanntermaßen bei weitem die Aus= führungen übertrifft, die später Avé=Lallemant in seinem „Deutschen Gaunertum" (bes. Bd. 4, Kap. 40 ff., S. 229 ff.) darüber gegeben hat, obwohl ihm schon ein viel reicheres Quellenmaterial zur Verfügung gestanden hatte als dem Hallischen Philologen. Die seitdem von den Juristen über Gaunersprache veröffentlichten Abhandlungen — die ja meist nur für die krimi= nalistische Praxis geschrieben sind — bieten nach dieser Hinsicht sehr wenig oder gar nichts; aber auch die neuern philologischen Arbeiten sind der Mehrzahl nach gerade über diese Seite des Themas reichlich kurz gehalten. Die vorhandne Lücke völlig auszufüllen, darauf kann und will natürlich meine Schrift keinen Anspruch erheben, wohl aber dürfte sie den Weg angedeutet haben, worauf demnächst berufnere Forscher weiter zu wandeln hätten. Denn ohne Zweifel wird mit der Vollendung des zweiten Bandes von Kluges Unternehmen ein neuer, frischerer Zug in das Studium der Gaunersprache bei den Sprachforschern kommen; und auch die mit dem Rotwelsch schon etwas vertrauten Juristen werden es dann ungeheuer viel leichter haben, ihre Fachgenossen über die Wichtigkeit des Gegenstandes in kriminalistischer Beziehung aufzuklären, als heutzutage. Man kann es daher wohl verstehn, daß zum Beispiel der bekannte Strafrechts-lehrer Hans Groß in Prag die Ausarbeitung eines schon länger auf seinem Arbeitsprogramm stehenden Werkes über die „Psychologie der Gaunersprache" bis zu jenem Zeitpunkte hinausgeschoben hat (vgl. Groß, Archiv für Kriminal-Anthropologie, Bd. IX, Heft 4 [1902], S. 309, Anm. 1). Einstweilen liegt er aber noch in unbestimmter Ferne, sodaß inzwischen, um mit H. Stumme a. a. O., S. 10) zu reden, immerhin wohl „auch andre sich schmeicheln dürfen, auf diesem Gebiete neues liefern zu können und das Buch von Avé-Lallemant zu ergänzen und zu be-richtigen."

Und noch auf einen Umstand möchte ich hier hinweisen. Kluges Werk wird schon seinem ganzen Anlageplan und Um-fange nach seine Abnehmer vorwiegend unter den Fachleuten, d. h. den Sprachforschern und den Kriminalisten, zu suchen haben. Schriften wie die vorliegende dagegen können auch in weitere Kreise des Publikums eindringen, zumal da für das Thema „Gaunersprache" bei Jung und Alt, Männern und Frauen eine ziemlich rege Teilnahme vorhanden zu sein pflegt, wie der Ver-fasser öfter zu beobachten Gelegenheit gehabt hat; und es er-scheint berechtigt, ein solches Interesse auch bei den Nichtfach-leuten zu fördern. Denn auch im Rotwelsch der Gauner kann der Teutsche den schier unerschöpflichen Reichtum seiner Sprache, ihre Gestaltungskraft zu immer neuen, überraschenden Wort-formen bewundern lernen. Ja sogar die Vorkämpfer für die Sprachreinigung werden mitten in der wirren Masse der aus Fremdwörtern zurechtgebrauten Vokabeln vereinzelte Ausdrücke entdecken, die ihnen aufrichtiges Wohlgefallen bereiten dürften. Ich erinnere hier nur an die zahlreichen Wortbildungen auf -ling (vgl. S. 58 ff.) sowie an das (S. 98 besprochne) „rabeln," dem neuerdings die Wiener Gauner u. a. das Zeitwort „abbildeln" für (gerichtlich) photographieren (zu „Bild'l," [gerichtliche] Photographie) zur Seite gestellt haben. So möge denn das Schriftchen ein Kleines auch dazu beitragen, den Sinn und das Verständnis für die Schätze unsrer Muttersprache zu vertiefen!

Gießen, im Februar 1905.

L. Günther.

Verzeichnis der benutzten Quellen und Literatur*)

A. Quellen**)

I. Deutsche Gaunersprache (Rotwelsch) im eigentlichen Sinne:

Das Hauptquellenwerk ist jetzt: Friedrich Kluge, Rotwelsch. Quellen- und Wortschatz der Gaunersprache und der verwandten Geheimsprachen. I. Rotwelsches Quellenbuch. Straßb. 1901, S. 1—418

---

*) Das vorliegende Verzeichnis enthält nur die Quellenwerke und sonstigen Schriften, die vom Verfasser öfter benutzt wurden. Die Leser, denen an einer vollständigen Übersicht über die bisher erschienenen Arbeiten (Quellenpublikationen und Abhandlungen) über das Rotwelsch (samt dem Judendeutsch und der Zigeunersprache) sowie auch über die wichtigsten Gaunersprachen andrer Länder (besonders Englands, Frankreichs, Italiens und Spaniens) gelegen ist, seien dafür hier noch auf folgende Abhandlungen und Bücher aufmerksam gemacht: Hoffmann von Fallersleben, Ältestes Rotwelsch in Deutschland, in seiner Monatsschrift von und für Schlesien, Jahrg. I (1829), S. 59, 60, Anm. *; Friedr. Kappler, Handbuch der Literatur des Kriminalrechts usw., Stuttg. 1838, § 373, Nr. 7964 bis 7988, S. 1103—1106 (und danach neuerdings Haußner, Zur Literatur der Kriminalistik, in Groß' Archiv für Kriminal-Anthropologie und Kriminalistik, Bd. XIV, 1. 2. Heft (1903), S. 3—5: „Die Literatur der Gaunersprache"); Jos. Maria Wagner, Die Literatur der Gauner- und Geheimsprachen seit 1700, ein bibliographischer Versuch, in Petzholdts Neuem Anzeiger für Bibliographie und Bibliothekwissenschaft, Jahrg. 1861, Nr. 163, S. 80—87, Nr. 258, S. 114—124, Nr. 339, S. 147—153, Nr. 408, S. 177 181, Jahrg. 1862, Nr. 325, S. 151—153, Jahrg. 1863, Nr. 166, S. 69—75; Karl v. Bahder, Die deutsche Philologie im Grundriß, Paderborn 1883, S. 193—195; Lombroso, L'uomo delinquente etc., I. ed., Torino 1889, Vol. 1, p. 466, not. 1 (in der deutschen Bearbeitung von M. O. Fraenkel, Hamburg 1887, S. 384, Anm. 2); L. Gunther, Recht und Sprache, ein Beitrag zum Thema vom Juristendeutsch, Berlin 1898, S. 67-69; Hans Groß in seinem Archiv für Kriminal-Anthropologie usw., Bd. II (1899), S 10, Anm. 2, Bd. IV (1900), S. 352; Derselbe, Handbuch für Untersuchungsrichter usw., 4. Aufl., München 1904, S. 352/53 und Anm. 1—14; Deutsche Literatur-Zeitung, Jahrg. 1903, Nr. 47, Sp. 2874 (A. Farinelli); M. Pollak in Groß' Archiv, Bd. XV, Heft 2/3 (1904), S. 203, Anm. 1 vbd. mit S. 191, Anm. 1.

**) Unter „Quellen" sind hier bes. die lexikographisch behandelten Sammlungen (der Gaunersprache usw.) verstanden. Übrigens lassen sich

und S. 493—495: D. „Nachträge."*) (Vgl. die Besprechungen von
v. Lilienthal in der Zeitschr. f. d. ges. Strafrechtswissenschaft, Bd. XXII
[1902], S. 849/50 und Günther im Literaturblatt für german. und
roman. Philologie, Jahrg. XXIII [1902], Nr. 6, Sp. 209—214.)

Außerdem wurden noch folgende, bei Kluge entweder nur dem
Titel (oder doch nur dem wesentlichsten Inhalte) nach oder überhaupt
(noch) nicht angeführte Quellenwerke benutzt:

F. L. A. v. Grolman, Wörterbuch der in Teutschland üblichen Spitz-
bubensprachen usw., Bd. I (mehr nicht erschienen): „Die Teutsche
Gauner-, Jenische- oder Kochemer-Sprache enthaltend mit besondrer
Rücksicht auf die Ebräisch-Teutsche Judensprache." Gießen 1822
(Anzeige bei Kluge, Rotw. I, Nr. 133, S. 357/58).

Cajetan Karmayers sog. „Gaunerglossar der Freistädter Handschrift"
vom Jahre 1835, abgedr. von Hans Groß in seinem Archiv für
Kriminal-Anthropologie und Kriminalistik, Bd. II (1899), S. 81—112,
225—256, Bd. III, S. 129—192, 305—336, Bd. IV, S. 273—304,
Bd. V, S. 131—162 (Anzeige bei Kluge, a. a. O., Nr. 143, S. 366/67).

A. F. Thiele, Die jüdischen Gauner in Deutschland, ihre Taktik, ihre
Eigentümlichkeiten und ihre Sprache usw. (2 Bde. [1. Aufl. Berlin
1840], 2. Aufl. Berlin 1842), Bd. I, S. 222—336: „Wörterbuch der
jüdischen Gaunersprache" (Anzeige bei Kluge, Nr. 144, S. 367).

Friedr. Christian Benedikt Avé-Lallemant, Das deutsche Gaunertum
in seiner sozialpolitischen, literarischen und linguistischen Ausbildung
zu seinem heutigen Bestande (4 Teile, Leipzig 1856—1862), Bd. IV,
S. 515—625: „Wörterbuch der Gaunersprache" (Anzeige bei Kluge,
Nr. 153, S. 416).

Carl Kahle, Die fahrenden Leute der Gegenwart und ihre Sprache.
Ein Beitrag zur Geschichte des Vagabundentums und des Gauner-
wesens. Gera 1889, S. 24—36: „Wörterbuch der Kunden- und
Gaunersprache."

---

die Quellen und die Literatur der Gaunersprache meist nicht scharf voneinander trennen, da die Wörtersammlungen häufig als „Anhang" größern
Werken oder auch kleinern Abhandlungen hinzugefügt (und daher auch
unter B [„Literatur"] noch einmal aufzuzählen) sind, während andrerseits
viele nicht lexifographisch bearbeitete Schriften zugleich auch als Quellenwerke in Betracht kommen.

*) Auf eine spezielle Aufzählung der bei Kluge zum Abdrucke ge-
brachten Quellen ist hier verzichtet worden, da ja das Werk leicht jedermann zugänglich ist. Eine chronologische Übersicht der wichtigsten Nummern
gibt auch W. Schütze in Groß' Archiv für Kriminal-Anthropologie usw.,
Bd. XII, Heft 1, S. 60/61.

A. Oskar Klausmann und Weien, Verbrechen und Verbrecher. Mitteilungen zum Schutze des Publikums. Aus der Praxis für die Praxis. Berlin 1892, Anhang, S. III—XXI (enth. ein Wörterbuch der Gaunersprache).

Paul Lindenberg, Berliner Polizei und Verbrechertum. Leipzig, ohne Jahreszahl (1891 = Reclams Universalbibliothek, Nr. 2096, 97), S. 182—192: „Kurzes Verzeichnis von Ausdrücken der Berliner Verbrechersprache" (Anzeige bei Kluge, a. a. O., unter Nr. 155, S. 418).

Hans Groß, Handbuch für Untersuchungsrichter, als System der Kriminalistik (1. Aufl. Graz 1893), 4., vermehrte Aufl. (in 2 Bänden), München 1904, Bd. I, Abschn. VIII, Kap. 3, S. 356—400: „Vokabulare der Gaunersprache" (vgl. Kluge, a. a. O., unter Nr. 155, S. 418).

Derselbe, Enzyklopädie der Kriminalistik, in seinem Archiv für Kriminal-Anthropologie usw., Bd. VI, Heft I (1900), S. 1—96 (enthält u. a. auch eine Anzahl neuerer Gaunerwörter in alphabet. Ordnung).

Roscher, Moderne Gaunerwörter in Hamburg, in Groß' Archiv usw., Bd. III, Heft 4 (1900), S. 277—278.

W. Schütze, Was ist heute noch von der Gaunersprache im praktischen Gebrauch?, in Groß' Archiv, Bd. XII, Heft 1 (1903), S. 55 ff., S. 62—100 (Vokabular).

Max Pollak, Wiener Gaunersprache, in Groß' Archiv, Bd. XV, Heft 2/3 (1904), S. 170 ff., S. 203—237 („Vokabulare").

II. Sogenannte Kundensprache:

Fr. Kluge, Rotwelsch I, Nr. 152, S. 414—416 („Kundensprache 1856") und „Anhänge," A, Nr. 1—4, S. 421—434 („Die Sprache der Handwertsburschen," worunter besonders hervorzuheben — wegen der interessanten [bei Kluge nicht abgedruckten] etymologischen Erläuterungen — die Nr. 2, nämlich das von O. Böckel ausgearbeitete [seinen „Deutschen Volksliedern in Oberhessen," Marburg 1885, S. 122—126 angehängte] „Wörterbüchlein der Kundensprache").

E. Stahle, a. a. O., S. 24—36: „Wörterbuch der Kunden- und Gaunersprache" und S. 36, 37: „Benennungen einzelner Handwerke."

Klausmann und Weien, a. a. O., Anhang, S. XXI—XXVI: „Die Kundensprache" (Wörterbuch).

W. Schütze, a. a. O., S. 62—100 (bringt auch sehr viele Ausdrücke der Kundensprache).

M. Pollak, a. a. O., S. 189, 190 (kleines Verzeichnis von Wörtern der Kundensprache).

III. Sogenannte Krämersprachen und verwandte Geheimsprachen:

Fr. Kluge, Rotwelsch I, „Anhänge," B, S. 434—491 („Krämer=
sprachen") und C, S. 491—493 („Lebendes Rotwelsch").

IV. Ausländische Gaunersprachen:

Césaire Villatte, Parisismen. Alphabetisch geordnete Sammlung der
eigenartigen Ausdrucksweisen des Pariser Argot. 5. Aufl. Berlin
1899 (enthält auch das Wichtigste aus dem Gaunerargot).

H. Baumann, Londinismen (Slang und Cant), Wörterbuch der
Londoner Volkssprache sowie der üblichsten Gauner=, Matrosen=,
Sport= und Zunftausdrücke usw. 2., verbesserte und stark vermehrte
Aufl. Berlin 1902.

B. Literatur

I. Deutsche Gaunersprache (Rotwelsch) im eigentlichen Sinne:

Hoffmann v. Fallersleben, Ältestes Rotwelsch in Deutschland, in
seiner Monatsschrift von und für Schlesien, I. Jahrg., 1829, S. 55—68
(wiederholt im Weimar. Jahrbuch für deutsche Sprache, Literatur
und Kunst, herausgegeben von Hoffmann v. Fallersleben und
O. Schade, Jahrg. I [1854], S. 328—343).

A. F. Thiele, Die jüdischen Gauner usw., an verschiedenen Stellen.

A. F. Pott, Die Zigeuner in Europa und Asien. Ethnographisch=
linguistische Untersuchung, vornehmlich ihrer Herkunft und Sprache
usw. 2 Bde., Halle 1844/45, besonders Bd. II, Einleitung: „Cha=
rakter der Gaunersprachen," S. 1—38.

Avé=Lallemant, Das deutsche Gaunertum usw., an den verschie=
densten Stellen, besonders aber Bd. I (S. 117 ff.) sowie Bd. III u. IV.

Jos. Maria Wagner, Rotwelsche Studien (anknüpfend an Avé=Lalle=
mants Werk)*), in Herrigs Archiv für das Studium der neuern
Sprachen u. Literaturen, Jahrg. XVIII, Bd. 33 (1863), S. 197—246.

Ω Σ, Die Verbrecherwelt von Berlin, in der Zeitschrift für die gesamte
Strafrechtswissenschaft, Bd. IV (1884), S. 414 ff., Bd. V (1885),
S. 115 ff. und S. 423—450 („Die Diebeswelt"), Bd. VI (1886),
S. 224 ff. und S. 522 ff.

---

*) Vgl. darüber auch die kürzern Kritiken von J. M. Wagner in
Zarnckes Literarischem Zentralblatt, Jahrg. 1863, Nr. 3, Sp. 67—69 und
von Steinschneider in der „Hebräischen Bibliographie," Bd. VII (Berlin
1864), S. 128 ff. und Bd. VIII (1865), S. 13 ff. u. 113 ff. — Über Bd. I
und II s. auch G. Freytag in den „Grenzboten," Jahrg. XVIII, 1. Sem.,
Nr. 3 (Leipzig 1859), S. 92—96.

E. Stahle, Die fahrenden Leute usw., besonders S. 22, 23.

Klaußmann und Weien, Verbrechen und Verbrecher (an den verschiedensten Stellen).

P. Lindenberg, Berliner Polizei und Verbrechertum, Abschn. 4—7,
S. 48—113, besonders aber S. 107 ff.

Skizzen aus dem Verbrecherleben, Heft 1 (= Heft 51 der „Zehn-Pfennig-
Miniaturbibliothek,“ Leipzig, Verlag für Kunst und Wissenschaft
[A. O. Paul], ohne Jahreszahl), Abschnitt 2, S. 20—36: „Die Ver-
brechersprache“ (nur mit Vorsicht zu benutzen).

Hans Groß, Handbuch für Untersuchungsrichter usw. 4. Aufl., Bd. 1,
Abschnitt VIII, S. 346 ff. („Über die Gaunersprache“).

Derselbe, Die Erforschung des Sachverhalts strafbarer Handlungen.
Ein Leitfaden für Beamte des Polizei- und Sicherheitsdienstes in
Deutschland. München 1902, V. Abschnitt, 4. Kapitel, C, S. 52, 53
(„Gaunersprache“).

Vladimir Čačić, Kroatische Wörter im „Vokabulare der Gaunersprache“
des Großschen Handbuchs für Untersuchungsrichter, in Groß'
Archiv für Kriminal-Anthropologie usw., Bd. IX, Heft 4 (1902),
S. 298—310.

W. Schütze, a. a. O., S. 55—61.

Ernst Lohsing, Tschechoslawisches in der Gaunersprache, in Groß'
Archiv, Bd. XIII, Heft 3 (1903), S. 279—285.

M. Pollak, Wiener Gaunersprache, a. a. O., S. 171—203.

Friedr. Kluge, Deutsche Geheimsprachen (Vortrag), in der Zeitschr. des
Allg. Deutsch. Sprachvereins, Jahrg. XVI (1901), Nr. 1, Sp. 6 ff.,
und Nr. 2, Sp. 34 ff.

Hans Stumme, Über die deutsche Gaunersprache und andre Geheimsprachen (Vortrag), Leipzig 1903 (= Heft XXXII der „Hochschul-
vorträge für jedermann“). (S. dazu: Hans Groß in der Deutschen
Literatur-Zeitung, Jahrg. 1903, Nr. 27, Sp. 1650 ff.)*

II. Kundensprache:

Siehe die Angaben bei Kluge, Rotwelsch I, S. 414·15, 421, 424,
430; ferner:

Josef Erler, Gegen das Vagabundentum, Innsbruck 1887, S. 9—12.

E. Stahle, a. a. O., S. 18—21.

---

*) Vgl. auch M. J. de Goeje im „Museum,“ Leyden, 11de Jaar-
gang, 3. Dez. 1903, Sp. 101 ff. Verschiedene neuere, das Rotwelsch teils
unmittelbar, teils mehr gelegentlich berührende, besonders in Kluges
Zeitschrift für deutsche Wortforschung erschienene Aufsätze werden noch an den
einschlägigen Stellen des Textes selbst angeführt werden.

Klausmann und Weien, a. a. O., S. 183—211 („Das Bettlertum"), besonders S. 192 ff.

Fritz Zilz, Die Sprache der Tippelbrüder, im „Hannov. Courier" vom 2. Oft. 1904.

III. Krämersprachen und verwandte Geheimsprachen:

Siehe Kluge, Rotwelsch I, S. 434—493. Zu Nr. 6, S. 446 ff. (Breyeller „Henneje Flick") j. jetzt noch: Fr. Kluge, Der Henneje Fleck von Breyell, in der Beilage zur (Münchner) Allgem. Zeitung, Jahrg. 1901, Nr. 24, S. 5/6 und Lorenz Hoffmanns, Nochmals der Henneje Fleck von Breyell, ebdj. Jahrg. 1904, Nr. 57, S. 453/54. Die von Kluge, Rotw. I, S. 491 angezeigte Abhandlung von Rollier über das sog. „Mattenenglisch" der Berner Schüler ist jetzt in der Zeitschrift für deutsche Wortforschung, Bd. II, S. 51—57 veröffentlicht worden. Vgl. auch die oben unter B. I am Ende angeführten Aufsätze von Kluge (in d. Zeitschr. d. Allg. Deutsch. Sprachver.) und von Stumme.

IV. Ausländische Gaunersprachen (und sonstige Geheimsprachen):

1. Sprachvergleichende Schriften:

A. F. Pott, Die Zigeuner ujw., Bd. II, S. 1—38: „Charakter der Gaunersprachen."

Cesare Lombroso, L'uomo delinquente in rapporto all'antropologia, alla giurisprudenza ed alle discipline carcerarie. 4 ed. Torino 1889, Vol. I, Cap. X, p. 466—490 („Gerghi"). in der (von mir hauptjächlich benutzten) deutschen Bearbeitung von M. O. Fraenkel („Der Verbrecher in anthropologischer, ärztlicher und juristischer Beziehung," Hamburg 1887), Kap. X, S. 384—400 („Gaunersprache").

Hans Stumme, a. a. O., besonders S. 17, 18.

2. Für England:

H. Baumann, Londinismen, S. XXX—CXVI („Slang und Cant").

3. Für Frankreich:

C. Villatte, Parisismen, Vorwort (zur 1. Aufl.), S. III—VIII.

4. Für Italien:

Lombrojo, a. a. O.

A. Currera, La Mafia e i Mafiosi, Origini e manifestazioni. Palermo 1900, besonders S. 81 ff. (betr. die Geheimsprache der Mafiojen); vgl. A. Rumpelt in der Beilage zur Allgem. Zeitung, Jahrg. 1902, Nr. 60, S. 475 ff., besonders S. 478.

5. Für die slawischen Völker:

Jagić, Die Geheimsprachen bei den Slawen, i. d. Sitz.-Ver. der phil.-hist. Klasse d. Wien. Akad. d. Wissensch., Bd. 133 (1896), Abhdlg. Nr. 5.

V. Sonstige Literatur:

1. Wörterbücher:

a. für das Althochdeutsche: besonders E. G. Graff, Althochdeutscher Sprachschatz oder Wörterbuch der althochdeutschen Sprache. 6 Bde., 1834—42.

b. für das Mittelhochdeutsche: M. Lerer, Mittelhochdeutsches Handwörterbuch. 3 Bde., Leipzig 1872—78.

für das Mittelniederdeutsche: K. Schiller und A. Lübben, Mittelniederdeutsches Wörterbuch. 6 Bde., Bremen 1875—81.

d. für das Neuhochdeutsche: besonders die Wörterbücher von Gebr. Grimm (Leipzig 1854 ff.), Daniel Sanders (2 Bände, Leipzig 1860—65, u. Ergänzungsband, Berlin 1885), Mor. Heyne (3 Bde., Leipzig 1890—99), Hermann Paul (Halle 1892) und Fr. Kluge („Etymolog. WB. der deutschen Sprache," 6. Aufl., Straßb. 1899).

2. Andre sprachwissenschaftliche Schriften:

Franz Söhns, Die Parias unsrer Sprache. Eine Sammlung von Volksausdrücken. Heilbronn 1888.

Gustav Krüger, Eigennamen als Gattungsnamen. Progr. Berlin 1891.

J. Winteler, Naturlaute und Sprache. Ausführungen zu W. Wackernagels Voces variae animalium. Progr. Aarau 1892.

Arnold Genthe, Deutsches Slang. Eine Sammlung familiärer Ausdrücke und Redensarten. Straßburg 1892.

Friedr. Kluge, Deutsche Studentensprache. Straßburg 1895.

Wilh. Borchardt, Die sprichwörtl. Redensarten im deutschen Volksmunde, nach Sinn und Ursprung erläutert. In gänzlicher Neubearbeitung herausgeg. von G. Wustmann. 5. Aufl. Leipzig 1895.

Rudolf Kleinpaul, Das Fremdwort im Deutschen. Leipzig 1896 („Sammlung Göschen").

Friedr. Polle, Wie denkt das Volk über die Sprache? Gemeinverständliche Beiträge zur Beantwortung dieser Frage. 2., verb. Aufl. Leipzig 1898, 3. Aufl. von O. Weise, Berlin und Leipzig 1904.

Paul Horn, Die deutsche Soldatensprache. Gießen 1899.

Friedr. Seiler, Die Entwicklung der deutschen Kultur im Spiegel des deutschen Lehnworts (Teil I, Halle 1895, Teil II: Von der Einführung des Christentums bis zum Beginn der neuern Zeit. Halle a. S. 1900.

Herm. Schrader, Der Bilderschmuck der deutschen Sprache. 6. Aufl. Berlin 1901.

O. Behaghel, Die deutsche Sprache („Das Wissen der Gegenwart." Bd. 54). 2., neubearb. Aufl. Wien, Leipzig, Prag 1902.

O. Weise, Unsere Muttersprache, ihr Werden und ihr Wesen. 4., verbesserte Aufl. Leipzig und Berlin 1902.

Alb. Heintze, Die deutschen Familiennamen, geschichtlich, geographisch, sprachlich. 2., verbesserte und sehr vermehrte Aufl. Halle a. S. 1903.

L. Günther, Deutsche Rechtsaltertümer in unsrer heutigen deutschen Sprache. Leipzig 1903.

Hans Strigl, Sprachliche Plaudereien. Kleine volkstümliche Aufsätze über das Werden und Wesen der Sprachen und die Naturgeschichte einzelner Wörter. Wien und Leipzig 1903.

Kristoffer Nyrop, Das Leben der Wörter. Autorisierte Übersetzung aus dem Dänischen von Robert Vogt. Leipzig 1903.

Hans Meyer, Der richtige Berliner in Wörtern und Redensarten. 6. Aufl. Berlin 1904. (Vgl. dazu [über frühere Aufl. des Werks] Ed. Engel, Die Sprache des Berliners, in der Beilage zur Allgemeinen Zeitung, Jahrg. 1903, Nr. 127, S. 438 ff.)

3. Kriminalistische und kulturgeschichtliche Schriften. — Verschiedenes:

Ad. Streng, Die Zustände auf dem Gebiet der öffentlichen Sicherheit in Deutschland Ende des vorigen (18.) und Anfang dieses (19.) Jahrhunderts, in dessen Studien über Entwicklung usw. des Vollzugs der Freiheitsstrafe in Deutschland. Stuttgart 1886, S. 39—70.

Richard Schmidt, Die Aufgaben der Strafrechtspflege. Leipzig 1895 (an verschiednen Stellen).

Rotering, Die negative Arbeit, in der Zeitschr. für die gesamte Strafrechtswissenschaft, Bd. XVI (1896), S. 198 ff.

Th. Hampe, Die fahrenden Leute in der deutschen Vergangenheit (= Bd. X der „Monographien zur dtsch. Kulturgeschichte," herausgegeben von G. Steinhausen). Leipzig 1902.

Nic. Spiegel, Gelehrtenproletariat und Gaunertum vom Beginn des vierzehnten bis zur Mitte des sechzehnten Jahrhunderts. Gymnas.-Progr. Schweinfurt 1902.

Albert Weingart, Kriminaltaktik. Ein Handbuch für das Untersuchen von Verbrechen. Leipzig 1904.

W. Preyer, Die Seele des Kindes. Beobachtungen über die geistige Entwicklung des Menschen in den ersten Lebensjahren. 4. Aufl. Leipzig 1895, besonders S. 287 ff., 295 ff., 298 ff.

Inhaltsübersicht

—

ie deutsche Gaunersprache, deren „Studium in letzter
Zeit überraschenden Aufschwung genommen" hat,
da ihre „Wichtigkeit von Tag zu Tag mehr an=
erkannt" wird (Hans Groß), ist viele Jahr=
hunderte lang ein Stiefkind der deutschen Sprach=
wissenschaft gewesen. Denn nach einer althergebrachten Über=
lieferung pflegten sich mit diesem Gegenstande die Sprachforscher
beinahe am seltensten zu beschäftigen, während ihm Gelehrte aus
andern Berufszweigen, wie zum Beispiel — seit Luthers Vor=
gang — die Theologen, einzelne Offiziere, vor allem aber die
Juristen schon früh ihre Aufmerksamkeit geschenkt haben. So
stammt denn auch das Werk, das bis vor kurzem — trotz mancher
Mängel — im ganzen immer noch als das Beste bezeichnet werden
konnte, was über die deutsche Gaunersprache geschrieben ist, aus
der Feder eines kriminalistischen Praktikers, des Lübecker Polizei=
direktors Friedrich Christian Benedikt Avé=Lallemant, von
dessen großer, für ihre Zeit epochemachender Arbeit: „Das deutsche
Gaunertum in seiner sozialpolitischen, literarischen und lingui=
stischen Ausbildung zu seinem heutigen Bestande" (vier Teile,
Leipzig, Brockhaus, 1858 bis 1862) ungefähr die Hälfte lingui=
stischen Untersuchungen gewidmet ist.

Nun läßt sich ja freilich nicht verkennen, daß die Gauner=
sprache als das Verständigungsmittel einer sehr wichtigen Gruppe
des Verbrechertums nahe Beziehungen zur „Kriminalistik" hat,
mag sich immerhin über den praktischen Wert ihrer Kenntnis für

den modernen Juristen streiten lassen. Die deutsche Gauner=
sprache ist aber auch ein — wenngleich entarteter — Sproß der
deutschen Volkssprache, eine der reichhaltigsten Standes= oder
Berufssprachen, die den germanistischen Philologen schon allein
darum anziehn müßte, weil sie so viel aus dem reichen Born
unsrer Mundarten geschöpft hat. Sie ist endlich zugleich „die
hervorstechendste Geheimsprache, die wir haben,"[1] und eben
deshalb allerdings auch mit einem solchen Gemisch aus fremden
Zungen durchsetzt, daß man schier über die Sprachkenntnisse eines
Mezzofanti verfügen müßte, wenn man alle ihre Bestandteile
richtig erkennen, ableiten und erklären wollte. Gerade dieser
Umstand wird wohl auch manchen deutschen Sprachforscher von
einer eingehendern Behandlung des Stoffes zurückgeschreckt haben,
während die Juristen leichter über solche Bedenken hinweggeglitten
sind — begreiflicherweise nicht immer zum Vorteile der Sache.
Denn das muß wohl jeder, der nicht voreingenommen ist, zu=
geben, daß sich ein Philologe immer noch weit leichter die krimi=
nalistischen Kenntnisse aneignen kann, die für das richtige Erfassen
des ganzen „Geistes" des Gaunertums und folglich auch seiner
Sprache notwendig erscheinen, als daß ein Jurist die nötigen
so umfangreichen und mannigfachen Sprachstudien mit Erfolg zu
betreiben vermag. Wer sich deshalb als „Laie" mit diesem Zweige
der Sprachwissenschaft befaßt, der wird gut daran tun, dessen
fremden Bestandteilen gegenüber von vornherein eine gewisse
Zurückhaltung zu beobachten, damit er nicht voreilig Etymologien
aufstellt, die sich vielleicht nur allzu bald als bloße Phantasie=
gebilde entpuppen. Gibt es doch eine ganze Reihe fast gleich=
lautender Vokabeln mit mehreren Bedeutungen, die aus ebenso

— —

[1] So: Fr. Kluge in der Zeitschr. des Allg. Deutsch. Sprachvereins,
XIV, 1, Sp. 7 in Übereinstimmung mit den meisten Sprachforschern. Wenn
nun auch in der Gegenwart die Gauner andre Mittel für den geheimen
Verkehr untereinander bevorzugen mögen, so darf man deshalb doch wohl
noch nicht so weit gehn wie H. Groß, der (in der Deutsch. Literatur Ztg.,
Jahrg. 1903, Nr. 27, Sp. 1651 53) die Gaunersprache nur als Berufssprache und gar nicht als Geheimsprache gelten lassen will.

vielen verschiednen Sprachen herstammen.[2]) Leichter zu erkennen sind die einheimischen Wurzeln unsrer Gaunersprache, die
von alters her deren Grundstock gewesen und durch ihre eigentümliche Behandlung, ihre oft überraschende Verwendung in der
Rede nicht nur die Aufmerksamkeit des Fachgelehrten, sondern auch
das Interesse jedermanns in hohem Grade zu erregen geeignet sind.
So wenig darum auch eine Studie über die deutsche Gaunersprache,
die für einen weitern Leserkreis bestimmt ist, die Wörter und
Wendungen „exotischen" Ursprungs ganz übergehn kann — denn
das wäre eine geradezu unverzeihliche Unterlassungssünde —, so
wird sie doch die mit unsrer Muttersprache zusammenhängenden
Gebilde und deren Gruppierung nach bestimmten Grundsätzen in
den Vordergrund stellen dürfen, und zwar um so mehr, als
gerade diese Seite des Themas von seinen bisherigen Bearbeitern
entschieden noch lange nicht genügend gewürdigt ist. Wenn ich
demnach in der vorliegenden Skizze hierauf besondres Gewicht
legte, so konnten freilich — in Anbetracht der überreichen Fülle
des vorhandnen Stoffs — auch aus diesem Gebiete doch nur die
wichtigsten Erscheinungen herausgegriffen und durch einige besonders charakteristische Beispiele erläutert werden.

Bevor es nun möglich ist, auf die besondern Eigentümlichkeiten unsrer deutschen-Gaunersprache näher einzugehn, müssen
wir notwendigerweise den Begriff der „Gaunersprache" überhaupt feststellen. Dabei handelt es sich natürlich vor allem wieder
um die Frage, was denn in dieser Zusammensetzung das Wort
„Gauner" bedeutet. Zunächst ist dafür keinesfalls der Sprachgebrauch des täglichen Lebens entscheidend; denn danach ver-
wenden wir den Ausdruck nicht nur öfter schlechthin für „Lump"
oder „Schuft," sondern erheben ihn wohl gar zu einer Art Kose-
namen, wie den „Spitzbuben," den „Racker," den „Strick" und
andre Wörter, die ursprünglich auch nur üble Bedeutung hatten.

---

[2]) Beispiel: Pol(l)ende(r) oder Pol(l)ent(e) u. ähnl. a) für
Schloß(gebäude), Kloster, Stadt, großes Dorf vom latein. pollentia (zu
pollere); b) für Polizei(amt) vom griech. πόλις; c) für Suppe nicht sowohl
vom ital. polenta als vom tschechischen polívka.

Näher bringen uns schon Bezeichnungen wie „Gaunerphysio=
gnomie," „Gaunerstreiche," „Gaunerstückchen" oder „Gaunerkniffe"
dem kriminalistischen Gebiete, das hier allein in Betracht kommt.
Wir müssen uns jedoch davor hüten, auch Ausdrücke wie etwa
„Gesetzesübertreter," „Delinquent," „Missetäter" oder „Ver=
brecher" schlechthin mit „Gauner" gleichzustellen; ja sogar der
von dem Italiener Lombroso und seinen Anhängern aufgestellte
Typus des sogenannten gebornen Verbrechers („delinquente nato")
deckt sich noch nicht ohne weiteres mit dem Gauner, da es bei
diesem nicht sowohl auf die „Prädestination" zum Verbrechen als
auf die berufsmäßige Ausübung strafbarer Handlungen, und
zwar ganz bestimmter Art, ankommt. Zur Gaunerzunft gehören
nämlich nur die Berufsverbrecher, deren — „nach bestimmten
Kunstregeln" ausgeübte — Tätigkeit sich auf die Schädigung des
Eigentums ihrer Mitmenschen richtet zu dem Zwecke, sich selbst
in gewinnsüchtiger Weise zu bereichern, was freilich nicht aus=
schließt, daß auch von Gaunern einmal ein Verbrechen andrer
Art (wie etwa Mord, Totschlag, Körperverletzung, Brandstiftung)
in „Realkonkurrenz" mit Eigentumsdelikten begangen werden kann.
Noch konkreter ausgedrückt darf man also sagen: Gauner sind
die gewerbsmäßigen Diebe, „Räuber" und Betrüger aller Art,
mit Einschluß auch zum Beispiel der betrügerischen Bettler und
der Falschspieler.

Die ausdrückliche Hervorhebung der beiden zuletzt erwähnten
Gaunerklassen hat übrigens für unser Thema noch eine besondre
Bedeutung. Sie gibt uns nämlich einmal den Schlüssel zu der
Etymologie des Ausdrucks „Gauner," sodann zur Erklärung
der ältesten Bezeichnung unsrer Gaunersprache als „Rotwelsch"
und damit wieder endlich einen Hinweis auf den kulturgeschichtlich
höchst interessanten Zusammenhang des deutschen Gaunertums mit
dem gewerbsmäßigen Bettlertum.

Über die Ableitung des Wortes „Gauner" sind früher manche
recht sonderbare Vermutungen aufgestellt worden. Sogar noch
Avé=Lallemant hat alles Ernstes darin nur eine abgekürzte Form
von „Zigauner," d. h. Zigeuner sehen wollen. Heute kann es

wohl als ausgemacht gelten, daß der Ausdruck von dem hebräischen
jânâ(h) (übervorteilen, Partiz. jône[h]) herstammt, das seit dem
fünfzehnten Jahrhundert in den „angedeutschten" Formen „junen"
oder „jonen" auftritt und dann die Quelle des Hauptworts „Joner"
(„Juonner") geworden ist. Dieses bezeichnete ursprünglich nur
den gewerbsmäßigen Betrüger im Karten= oder Würfelspiele, hat
dann aber in den Formen „Jauner" (so noch bei Schiller und
überhaupt schwäbisch) und „Gauner" (so besonders obersächsisch)
allmählich die bekannte Begriffserweiterung durchgemacht. Im
Zusammenhange damit steht dann ohne Zweifel auch der Aus=
druck „jenische" („jännische," „jähnische") oder gar „jenaische
Sprache" (gleichsam als käme sie von der Stadt Jena), die uns
später neben andern Bezeichnungen[3]) namentlich in Süd= und in
Mitteldeutschland öfter für das „Rotwelsch" begegnet. Auch dieses
letzte Wort, das zuerst (in der Form „rotwalsch") im „Passional"
vom Jahre 1250 nachweisbar ist — wo es sogar schon in einem
übertragnen Sinne (geheime, arglistige Rede) vorkommt —, hat
unsern Vorfahren nicht wenig Kopfzerbrechen bereitet. Man
dachte zum Beispiel an die geheime Sprache der Rotten (Räuber=
banden), an das italienische rotto, gebrochen (also gebrochne,
d. h. fremd klingende Sprachweise), ja sogar an das ehrbare schwä=
bische Städtchen Rottweil, weil die Juristen am dortigen kaiser=
lichen Hofgericht einst ein so entsetzlich schlechtes, mit Fremd=
wörtern gespicktes Deutsch geschrieben hätten, daß es kein Mensch
mehr recht habe verstehn können. Diese sonderbare, mit Unrecht
öfter dem alten Gottsched als Erfinder aufgebürdete Ableitung[4])
konnte zwar schon Avé=Lallemant mit Recht als einen „schlechten
Witz" bezeichnen, dagegen hat er selber über den — allerdings

---

[3]) So besonders: Kochemer Lo(h)schen (wörtl. die Sprache der klugen
Leute; vgl. unten S. 17), Kochemersprache, Kaloschensprache (pleonastische
Zusammenziehung von Kochemerloschen=Sprache), Plattensprache, Schurer=
oder Diebessprache (vgl. unten S. 31), Spitzbubensprache oder Spitzbuben=
latein (wie im Engl. thieves latin oder St. Giles greek).

[4]) Sie findet sich u. a. schon bei Samuel Reyher in dessen 1679
zu Kiel erschienener „Mathesis Mosaica," S. 209; s. Kluge, Rotwelsch I,
Nr. 57, S. 164.

verlockend genug erscheinenden — Zusammenhang des Ausbrucks
Rotwelsch mit der roten Farbe[5]) noch Ansichten verteidigt, die
heute als haltlose Hypothesen erwiesen sind. Während uns der
zweite Bestandteil der Zusammensetzung („welsch") namentlich aus
dem Worte „Kauderwelsch" (d. h. eigentlich die Sprache der italie
nischen, in Tirol und Südwestdeutschland herumziehenden Hau=
sierer [„Kauderer"]), dann auch aus „Welschland," „welsche Nuß"
(Walnuß), „Welschkorn" (Mais, türkischer Weizen), „welscher
Hahn" usw. zur Genüge bekannt ist, wissen wir über den ersten
(„Rot") nur so viel, daß er in der Gaunersprache schon im An=
fange des sechzehnten Jahrhunderts für Bettler vorkommt, auch
in Verbindungen, wie zum Beispiel Rotboß, die Bettlerherberge
(„Boß," schon 1450 in der Form „Böse" belegt, vom jüd. bojis
oder bojes, dem das hebr. bajit oder genauer dessen sog. Pausal=
form bájit entspricht). Hat danach aber „Rotwelsch" zunächst
die Bettlersprache bedeutet (weßhalb es auch bei ältern Schrift=
stellern zuweilen als „Bettlerlatein" bezeichnet wird), so muß in
den frühern Zeiten zwischen Bettlern und Gaunern ein sehr naher
Zusammenhang bestanden haben. Und dem ist auch in der Tat
so gewesen.

Das gewerbsmäßige Bettlertum, das den Völkern des klas=
sischen Altertums mit ihrer Sklaverei noch unbekannt war, ist in
Deutschland, durch die Lehren der christlichen Kirche von der Gleich=
heit aller Menschen und dem Almosengeben als Heil- und Gnaden=
mittel, wenngleich unbeabsichtigterweise, stark befördert, schnell zu
einem sozialen Übel herangewachsen. Wie es dann aber auch das
Gaunertum verstanden hat, unter der Maske der Hilfsbedürftigkeit
die — leider nur zu oft mit Beschränktheit gepaarte — Gut=
mütigkeit seiner Nebenmenschen auszubeuten, davon gibt uns zum
Beispiel der berühmte Liber Vagatorum aus dem Anfange des
sechzehnten Jahrhunderts, der „erste Versuch) einer systematischen

<hr>

[5]) Man denke z. B. an die offenbar wirklich nach Farben gebildeten
Ausdrücke „schwarze Sprache" oder „greaner (grüner) Spritzer" für
das Idiom der Wiener Gauner oder an die „langue verte" (grüne, d. h.
lebende Sprache) für das französische Argot.

Darstellung des deutschen Gaunertums" (Avé-Lallemant), eine sehr anschauliche Schilderung. Er zählt nämlich nicht weniger als achtundzwanzig verschiedne Arten betrügerischer Betteleien auf, die zum Teil schon ein recht großes Raffinement bekunden. Vergeblich sehen wir in der Folgezeit die Staatsbehörden sich in dem Kampfe gegen diese — einst durch zu große Milde heraufbeschworne — Landplage erschöpfen. Dieser Kampf konnte keinen Erfolg haben, weil er mit verkehrten Mitteln geführt wurde. Durch Galgen und Rad, Staupenschlag und Brandmarkung erzeugte man statt der gewünschten Abschreckung meist nur Haß und Rache, und durch die Landesverweisung verschob man das Übel bloß von einem Gebiet auf ein andres. Dazu kamen die vielen Kriege, insbesondre der schwere Dreißigjährige, der das Bettler- und Gaunertum noch durch Zuführung der schlechtesten Bestandteile aus den Reihen der Kriegsknechte verstärkte, während in den neuern Zeiten namentlich die französische Revolution, dann auch wohl noch die deutschen Befreiungskriege manchen unruhigen Kopf unter die Gauner verschlagen haben mögen, insbesondre in die förmlich organisierten Räuberbanden, die sich seit dem achtzehnten Jahrhundert überall in so erschreckender Weise mehren. Sozusagen das klassische Land dieser Räuberhorden ist bekanntlich von jeher das kleine Schwaben gewesen, das rotwelsch deshalb auch wohl „Ganfer-Medine," d. h. Spitzbubenland (von ganfen, stehlen bzw. Gannew, Dieb, aus dem hebr. gânab, stehlen, bzw. gannâb, Dieb, und Medine, Land, aus dem hebr. mĕdînâ[h], Landschaft, Provinz) genannt wird, die Heimat Friedrich Schillers, der „von seiner Wiege bis zum Doktorhut Räuberluft geatmet hat" (Ferd. Kürnberger) und schon darum — auch ganz abgesehen von der Tyrannei der Karlsschule — gleichsam als der geborne Dichter der „Räuber" erscheint. Aber auch die Gegenden an beiden Ufern des Rheins, der Hauptschauplatz der Untaten des sogenannten „Schinderhannes" (Johannes Bückler), des wohl am populärsten gewordnen aller „Räuberhauptleute," ferner der Spessart, der Odenwald und nicht zum wenigsten das jetzige Großherzogtum Hessen haben viel unter räuberischen Bedrückungen zu leiden gehabt. In Hessen fand — wie Avé-Lallemant (IV, S. 183) betont — das Gauner= und Räubertum trotz vielen schon früh dagegen erlassenen, zum Teil sogar äußerst strengen landesherrlichen Verordnungen einen sehr „empfänglichen Boden" vor, der dessen „stets lebendige starke Strömung von Süden und Westen her fortdauernd" aufnahm und „sie dann wieder in ge= fährlich verbreiterter Weise nach Norden und Nordosten hin ab= fließen" ließ. Noch zu Beginn des vorigen Jahrhunderts wurden hier Polizei und Gerichte in fortwährender eifrigster Tätigkeit ge= halten durch die sogenannten Vogelsberger und Wetterauer Banden, über deren Treiben uns die „aktenmäßige Darstellung" eines verdienten Kriminalisten, des Gießener Hofgerichtsrats Friedrich Ludwig Adolf von Grolman, genauern Aufschluß gibt.

Erst das umsichtigere und zugleich energischere Vorgehn der Sicherheitsbehörden, namentlich der nach französischem Vorbilde eingeführten Gendarmerie, hat allmählich in Verbindung mit der Umgestaltung der Strafen, der größern Sicherheit der Gefängnisse gegen Flucht, der Reform der Armenpflege u. a. m. unsre Straßen und Wälder von dem Diebes= und Räubergesindel zu säubern ver= mocht, an dessen Greueltaten heute nur noch in der Landbevöl= kerung einiger einst besonders schwer heimgesuchter Gegenden eine verschwommne Erinnerung fortlebt.

Nicht verschwunden aber ist das deutsche Gaunertum; nur hat es in der Gegenwart andre — weniger romantische — Formen und Gestalten angenommen. Der gewerbsmäßige Dieb, der ge= wiegte Einbrecher unsrer Tage hat seine Tätigkeit vorwiegend in die Großstädte verlegt, und der Hochstapler fährt gar auf der Eisenbahn in der ersten Klasse von einem Luxusbad ins andre. Ebenso haben die altbewährten Gaunerpraktiken unter dem Ein= flusse des modernen Verkehrs und der Fortschritte von Industrie und Technik — die sich die Verbrecher mit bewundernswerter Schnelligkeit für ihre Zwecke dienstbar zu machen verstanden — manche Veränderungen erfahren; man vergleiche nur einmal die Werkzeuge unsrer heutigen „Geldspindknacker" mit denen eines Einbrechers vor fünfzig oder gar hundert Jahren! Das alles aber hat dann schließlich auch auf die Gaunersprache und ihre termini technici eine gewisse Rückwirkung äußern müssen, sodaß sie jetzt vielfach ein andres Gepräge zeigt als etwa zu den Zeiten Luthers. Andrerseits tritt uns freilich gerade hier doch auch wieder ein gewisser konservativer, ja patriarchalischer Sinn des deutschen Gaunertums entgegen, dem wir es zu verdanken haben, daß sich neben neuern und neusten Sprachschöpfungen gaunerischen Witzes nach wie vor ein fester Bestand älterer, ja ganz alter rotwelscher Wörter in fortdauerndem lebendigen Gebrauche er-halten hat.

*　　*　　*

Es wird nun vielleicht mancher die Frage aufwerfen: Wo-durch haben wir denn überhaupt Kenntnis von unsrer Gauner-sprache? Und sind die Überlieferungen darüber auch alle zu-verlässig und glaubwürdig? Darauf ist zu erwidern, daß wir wohl kaum über eine andre Standes- oder Berufssprache so gut unterrichtet sind wie über unser Rotwelsch, daß aber freilich auch die einzelnen Quellen oft recht ungleichen Wert haben. Schon der Zeit nach liegen sie weit auseinander; denn während die ältesten Nachrichten etwa aus der Mitte des vierzehnten Jahr-hunderts stammen, sind die neusten Arbeiten erst in den aller-letzten Jahren erschienen. Nicht weniger verschieden ist das räum-liche Gebiet, da hierfür keineswegs etwa bloß die oben speziell angeführten „Räuberländer" im Süden und im Westen Deutsch-lands, sondern — wenngleich seltner — auch der Norden (z. B. Schleswig-Holstein) und der Osten (z. B. Schlesien) in Betracht kommen. Vollends aber sachlich gehören die einzelnen Werke den mannigfachsten Wissenszweigen an. In dieser Beziehung kann man sie im wesentlichen in zwei Hauptklassen sondern, je nachdem sie über die Gaunersprache nur gelegentlich, bei der Behandlung irgend eines andern Themas, einigen, oft ganz unerwarteten Auf-schluß geben oder diese mehr oder weniger selbständig behandeln, sei es in besondern Abschnitten, als „Anhang" zu andern Ab-handlungen oder gar in eignen Wörtersammlungen. Zu der ersten

Klasse gehören nicht nur theologische, grammatisch-linguistische, juristische und statistische, geschichtliche und geographische Schriften, sondern — namentlich in älterer Zeit — auch poetische Erzeugnisse, wie zum Beispiel Sebastian Brants bekanntes „Narrenschiff" (1494) oder die „Gouchmatt" des Baseler Druckers und Dichters Pamphilius Gengenbach (1516), die sogenannten Schelmenromane, nach Art von Grimmelshausens „Simplicius Simplicissimus" (1669), ja sogar vereinzelte dramatische Werke. An der Spitze der zweiten Klasse steht der schon erwähnte Liber Vagatorum oder „Der Betler Orden," der an dieser Stelle noch einmal zu nennen ist als die Hauptquelle des ältern Rotwelsch, über das sein dritter Teil ein schon ziemlich reichhaltiges, alphabetisch geordnetes Vokabular enthält. Während man die Abfassungszeit dieses berühmten Werkes — im Anschluß an J. M. Wagner und Fr. Kluge — etwa auf das Jahr 1510 ansetzen darf, ist die Aufgabe, seinen Verfasser (der höchstwahrscheinlich ein Gelehrter, vielleicht ein Geistlicher gewesen ist) zu ermitteln, nach wie vor als „unlösbar" zu bezeichnen (Kluge). Fest steht dagegen eine sehr nahe Verwandtschaft des Liber Vagatorum zu einer noch ältern, nur handschriftlich überlieferten und früher meist fälschlich als „Ratsmandat" bezeichneten Baseler Urkunde (den sogenannten „Betrügnissen der Gyler" um 1450). Wie hoch schon die Zeitgenossen die Arbeit schätzten, beweist wohl am deutlichsten die Tatsache, daß kein Geringerer als Martin Luther sie im Jahre 1528 unter dem Titel „Von der falschen Bettlerbüberey" neu herausgegeben und mit einer Vorrede ausgestattet hat,*) wodurch auch das Interesse der protestantischen Theologen für das Buch geweckt wurde, das seitdem nie ganz erloschen ist. In der Folgezeit knüpfen fast alle Arbeiten über Rotwelsch zunächst mehr oder weniger an dieses „standard work" über Gaunersprache an, das bald in zahlreichen Ausgaben verbreitet, schon von Gengenbach in Verse gebracht, in andre deutsche Mundarten (Nieder-

---

*) Neuester Abdruck dieser Ausgabe samt Vorrede von Joh. Jühling in Groß, Archiv für Kriminal-Anthropologie usw., Bd. XVII, 3. 4. Heft, S. 333—371.

deutsch, Niederrheinisch) übertragen und sogar in fremde Sprachen (Holländisch, Englisch usw.) übersetzt wurde; ja manche Werke, wie zum Beispiel die unter dem Namen „Rotwelsche Grammatik" bis ins achtzehnte Jahrhundert hinein (zuletzt 1755) erschienenen, stellen sich bei näherer Betrachtung nur als — nicht gerade mit sehr glücklicher Hand vorgenommne — Erweiterungen des. Liber Vagatorum dar.

Eine eigne, wichtige Gruppe der spätern rotwelschen Literatur in Deutschland sind noch die nach Akten bearbeiteten Schilderungen des Treibens hervorragender einzelner Gauner oder ganzer Diebes- und Räuberbanden, die namentlich seit der Mitte des achtzehnten Jahrhunderts unter Titeln wie „Gründliche, ausführliche, akkurate, aktenmäßige ... Relation, Spezifikation, Designation, Deskription, Beschreibung, Nachricht, Geschichte" usw. in großer Menge erschienen sind und als Anhang zuweilen ganze Vokabularien des Rotwelsch enthalten. Besonders wertvoll aber sind die im amtlichen Auftrage, von Behörden veröffentlichten Wörterbücher, namentlich wenn sie auf direkten Mitteilungen aus Gaunermunde beruhen, wie u. a. die sogen. „Waßlerey" des Andreas Hempel (1587), das Hildburghäuser Wörterbuch (1753 ff.), eine amtliche Publikation der Wiener „Polizeioberdirektion" vom Jahre 1807 und das vom badischen Bezirksamte zu Pfullendorf 1820 in Karlsruhe herausgegebne „Jauner-Wörterbuch." Ihre Bedeutung kann nur noch übertroffen werden durch die etwa von Gaunern selbst — unter ausdrücklicher Versicherung der Zuverlässigkeit — angefertigten Verzeichnisse rotwelscher Vokabeln. Leider gibt es nur eine einzige solche Arbeit, die somit als „die originellste Erscheinung auf dem Gebiete der Linguistik überhaupt" (Avé-Lallemant) bezeichnet werden darf: es ist das Wörterbuch des sogenannten „Ko(n)stanzer Hans," alias Johann Baptist Herrenberger, eines zu Ende des achtzehnten Jahrhunderts äußerst gefürchteten schwäbischen Gauners, das im Jahre 1791 unter dem Titel „Wahrhafte Entdeckung der Jauner- oder Jenischen Sprache" zu Sulz am Neckar erschienen ist und sein Entstehn wohl einer Anregung des — um die Erforschung des deutschen

Gaunertums auch) sonst verdienten — württembergischen Cber-
amtmanns Georg Jakob Schäffer verdankt.

Sehr produktiv ist endlich die Schriftstellerei über Gaunersprache im neunzehnten Jahrhundert gewesen. Gerade in dieser
Zeit ist darüber aber auch recht viel Seichtes und Unbrauchbares
zutage gefördert worden, von sinnlosen Plagiaten, ja absichtlichen
Fälschungen ganz zu geschweigen. Will man einzelne Autoren,
die schon vor Avé-Lallemant auf diesem Gebiet einigermaßen
Ersprießliches geleistet haben, besonders hervorheben, so dürften
— neben dem bekannten Dichter Hoffmann von Fallersleben
und dem gelehrten Philologen A. F. Pott in Halle — etwa
folgende Juristen an erster Stelle zu nennen sein: der hanno-
versche Amtsschreiber Mejer (1807), der Heidelberger Stadt-
direktor Ludwig Pfister (1812), der Kieler Polizeimeister Justiz-
rat C. D. Christensen (in dessen 1814 erschienenem Glossar
zum ersten und einzigen male das ober- und das niederdeutsche
Rotwelsch einander gegenübergestellt ist), der schon früher erwähnte Gießener Hofgerichtsrat Fr. L. A. von Grolman
(Wörterbuch der Gaunersprache, 1822), der oberösterreichische
Amtssyndikus Cajetan Karmayer zu Freistadt (dessen 1835
niedergeschriebne, überaus umfangreiche und in mehrfacher Beziehung interessante Sammlung rotwelscher Wörter erst 1899 durch
H. Groß bekannt gemacht worden ist), endlich C. W. Zimmermann, der 1847 die erste umfassendere Wortliste der besonders
wichtigen Berliner Verbrechersprache veröffentlicht hat.

Aber eine neue Periode hat doch erst Avé-Lallemant
mit seinem „Deutschen Gaunertum" eingeleitet. Daß sich freilich
auch an diesem Werke vom streng philologischen Standpunkt aus
noch gar manches aussetzen läßt, zeigte schon die scharfe Kritik
des Wiener Bibliothekars Josef Maria Wagner im Jahre 1863
(in Herrigs „Archiv für das Studium der neuern Sprachen
und Literaturen"), worin mit Recht namentlich einzelne allzu
gekünstelte Etymologien getadelt waren, zu denen den Verfasser
seine „fast krankhafte" Sucht verleitet hat, womöglich überall,
auch bei ganz harmlosen Wörtern in unsrer Muttersprache,

hebräischen Ursprung zu wittern. Hat er es doch zum Beispiel
fertig gebracht, dem ehrlichen — wenn auch nicht rein deutschen,
so doch jedenfalls christlichen — „Stoffel" („Stöffel," „Toffel"
oder „Töffel"), einer zum Gattungsbegriff erhobnen Abkürzung
der Deminutivform des Eigennamens Christoph (Christusträger),
israelitische Abstammung anzudichten und den auch der gewöhn=
lichen Umgangssprache längst bekannten „Kläffer" (vom ahd.
claphôn, mhd. klaffen, schallen, tönen) mit dem hebräischen Worte
keleb (in jüdischer Aussprache kelef) für Hund in einen Zusammen=
hang zu bringen. Aber diese und andre Schwächen der Arbeit
— wie die zahlreichen Weitschweifigkeiten und Wiederholungen —
müssen im ganzen doch zurücktreten hinter ihren Vorzügen und
Verdiensten, die, außer in der Mitteilung wichtiger, zum Teil
sogar noch unbekannt gewesener Quellen, vor allem darin gesehen
werden dürfen, daß hier zum erstenmal eine zusammenhängende,
für ihre Zeit fast erschöpfende und gleichsam auf psychologischer
Grundlage aufgebaute Darstellung der deutschen Gaunersprache
gegeben ist, wie sie in ähnlichem Umfange bis dahin sogar von
den Philologen noch nicht unternommen worden war. Über=
haupt bewahrten die Sprachforscher auch nach Avé=Lallemants
Buch, das die Juristen sofort ebenso eifrig wie unselbständig
ab= und auszuschreiben begannen, zunächst noch durchweg ihre
kühle Zurückhaltung gegenüber dem Rotwelsch. Erst die Gegen=
wart hat hierin gründlichen Wandel geschafft. Ungefähr um
dieselbe Zeit, als der um die junge Wissenschaft der sogenannten
„Kriminalistik" hoch verdiente Strafrechtslehrer Hans Groß in
Prag durch mehrere selbständige Veröffentlichungen über die
Gaunersprache die Juristen aufs neue auf den inzwischen auch
bei ihnen etwas in Vergessenheit geratnen Gegenstand hingewiesen,
hat der bekannte Freiburger Germanist Friedrich Kluge in ähn=
licher Weise auf seine Berufsgenossen eingewirkt. Im Jahre 1901
hat nämlich dieser Sprachforscher, angeregt durch seine Studien
über die Standessprachen, insbesondre die deutsche Studenten=
sprache (Straßburg 1895), ein großes Werk über „Rotwelsch"
in Angriff genommen, von dem bisher jedoch nur der erste

Band — enthaltend einen Abdruck der wichtigsten Quellen in chronologischer Folge — vorliegt. Die Ausgabe des wichtigen zweiten Teils, der — unter Beihilfe der Professoren Euting (Semitist in Straßburg) und Pischel (Sanskritist in Berlin) — das eigentliche Wörterbuch sowie eine Einleitung über Bau und Geschichte der deutschen Geheimsprachen bringen soll, wird infolge eines Augenleidens des verdienten Gelehrten leider wohl vor Ablauf eines längern Zeitraums noch nicht zu erwarten sein.

*   *   *

Einige allgemeine Bemerkungen erheischt noch die Frage nach dem Entstehungsgrunde der Gaunersprache. Keiner der ältern Schriftsteller hat je im mindesten daran gezweifelt, daß die Gauner ihre Sprache zu dem Zwecke ausgebildet oder gar „er= funden" haben, sich ihrer untereinander als geheimen, allen Nicht= eingeweihten unzugänglichen Verständigungsmittels zu bedienen; ja man hat sogar ausdrücklich auf den Unterschied einer solchen künstlich „gemachten" oder „konventionellen" Sprache von einer „naturgemäß gewordnen" hingewiesen (Pott). Erst infolge der Lombrososchen Lehre, die dem „gebornen Verbrecher" nicht nur besondre körperliche, sondern auch psychische Eigenheiten zu= schreibt, scheint man darauf verfallen zu sein, auch die Gauner= sprache für ein „naturnotwendiges Erzeugnis" einer bestimmten Menschenklasse (oder gar =rasse) auszugeben, eine Ansicht, die neuerdings namentlich auch Hans Groß mit Nachdruck vertritt, obgleich er sonst durchaus nicht zu den strikten Anhängern Lombrosos gehört.

Das Richtige dürfte nun auch bei dieser Streitfrage — wie so oft — in der Mitte liegen. Daran wird man allerdings zunächst wohl festhalten müssen, daß die Gaunersprache ihren Ursprung hauptsächlich dem erwähnten praktischen Zwecke der Geheimhaltung bestimmter Mitteilungen vor andern Menschen verdankt hat. Daß sich dann aber diese Geheimsprache — die be= greiflicherweise auch mit dazu gedient hat, sozusagen den „Kasten-

geist" oder das „Standesbewußtsein" der „Zunftgenossen" zu
hegen und zu pflegen — gerade so entwickelt hat, wie wir
sie heute vor uns sehen, das hängt natürlich mit den besondern
Anschauungen, mit dem ganzen Wesen und Geiste des Gauner=
tums zusammen. Richtig bemerkt Lombroso, daß wir „fast in
allen Ständen und Gewerben spezielle und technische Ausdrücke"
finden, „die den andern Kreisen mehr oder minder fremd und
unverständlich sind, . . . eigentümliche Ideenassoziationen," die sich
nur aus dem besondern Beruf erklären lassen. Wenn zum Bei=
spiel ein Arzt die Liebe „eine Herzkrankheit" nenne oder ein
Apotheker sage, „seine Liebe sei auf vierzig Grad gestiegen," so
sei das eine Ausdrucksweise, auf die andre Berufe nicht leicht
verfallen würden.⁷) Ähnliches aber finden wir auch in der
Gaunersprache. Umschreibungen wie etwa „Galgenposamen=
tier" für den Seiler, „schwarzer Gendarm" für den Pfarrer,
„Polizeifinger" oder „Galgennägel" für gelbe Rüben er=
scheinen uns im Munde von Gaunern und Vagabunden nicht
allzu befremdlich, da im Leben dieser Leute Galgen, Polizei und
Gendarmen eben eine sehr hervorragende Rolle spielen. Daher
erklärt sich denn auch der überraschende Reichtum des Rotwelsch
an Synonymen gerade für die niedern strafverfolgenden Be=
amten⁸) und die Strafen, insbesondre die Freiheitsstrafen, dann
aber natürlich auch für die Delikte der Gauner (Stehlen, Rauben,
Betrügen, Betteln usw.), für die dabei etwa gebrauchten Werk=
zeuge oder Waffen, sowie für die sinnlichen Genüsse und Zer=
streuungen, die sie sich mit Hilfe des zu erbeutenden Geldes zu
verschaffen hoffen, wie gutes Essen und Trinken, bequemes

---

⁷) Lombroso, L'uomo delinquente usw., deutsche Bearbeitung
von M. O. Fraenkel, Hamburg, 1887, S. 393.

⁸) Es ist auffällig, daß den fast unzähligen Ausdrücken für die
Polizisten und Gendarmen in unsrer Gaunersprache nur verhältnismäßig
sehr wenig Bezeichnungen für den Richter, den Staatsanwalt und den Ver=
teidiger gegenüberstehn. Zur Erklärung dieser Erscheinung vgl. M. Pollak
in Groß, Archiv für Kriminal=Anthropologie usw., Bd. XV, S. 193/94,
der den Grund dafür hauptsächlich in einer „gewissen Geringschätzung"
jener höhern Berufe bei den Gaunern erblickt.

Schlafen, Karten- und Würfelspiel, Tanzen und sonstigen Verkehr
mit dem andern Geschlechte, kurz ein angenehmes und vergnügtes
Leben in den Wirtshäusern. Denn nur auf solche äußerliche, reale
oder konkrete Dinge ist das Dichten und Trachten echter Gauner von
jeher gerichtet gewesen, und auch das hat natürlich seinen Wider-
schein in ihrer Redeweise zurückgelassen. Sie erscheint nämlich
sehr arm an selbständigen Ausdrücken für rein abstrakte Begriffe,
und die wenigen, die sie davon aufweist, hat sie zudem meist
den fremden Sprachen entlehnt. Häufig aber sind nicht rein
sinnlich wahrzunehmende Vorgänge, Zustände, Eigenschaften usw.
durch konkrete, dem gaunerischen Vorstellungskreise näher liegende
Dinge umschrieben. So findet sich zum Beispiel für das Gericht
die Bezeichnung „Dolch," für das gerichtliche Verhör (wo es
dem Angeschuldigten heiß wird) „Hitze," was den (besonders
auch in der Vagabunden- oder sog. „Kundensprache" geläufigen)
Wendungen „es ist heiß" oder „die Steine brennen" entspricht, wie gesagt wird, wenn die Sicherheitsbehörden in einzelnen Gegenden den Strolchen scharf oder sehr scharf auf die
Finger passen. Das Unglück wird zuweilen durch „Essig" oder
„Pech," die Freiheit durch „Luft," die Widerwärtigkeit durch
„Krallborn," der Jähzorn durch „Löwe" wiedergegeben: der
Krieg wird durch „Donnerschütz" oder „Rebeller," das Alter
durch „Greis," der Tod durch „Sensenmann" gleichsam
menschlich verkörpert, die Vorsicht endlich wohl mit Eiern verglichen, sodaß, wer sie gebraucht, mithin bei einer Tat behutsam
zu Werke geht, „Beitze" (jüdisch-deutsch für Eier, vom hebr. bêça,
Plur. bêçîm) „handelt," also gleichsam wie auf Eiern geht (daher
dann auch wohl schlechthin Beitze — sehr gewagter Diebstahl).[*]

<hr>

[*] Der Vollständigkeit halber muß hierzu übrigens bemerkt werden,
daß sich in der deutschen Gaunersprache zuweilen auch die umgekehrte
Erscheinung, also die Wiedergabe konkreter Dinge durch mehr oder weniger
abstrakte Begriffe findet, eine Erscheinung, die ja auch sonst in der Sprache
vorkommt, wie zum Beispiel das ins Deutsche aufgenommene Fremdwort
Jalousie (eigentlich Eifersucht) für den Fensterladen beweist (vgl. Nyrop
Vogt, Das Leben der Wörter, S. 115, 116). Im Rotwelsch läßt sich

Weiter erklären sich viele sonderbare euphemistische Begriffsverhüllungen psychologisch nicht allzu schwer aus der Scheu des Gauners, sowohl seine verbrecherische Tätigkeit als auch die dafür zu erwartenden gesetzlichen Folgen beim rechten Namen zu nennen. Darum bezeichnet er sich zum Beispiel selbst charakteristischerweise meist als Kochem oder Kochemer, d. h. der Kluge, Gescheite (vom hebr. châkâm; daher: Kochemer Lo[h]schen = Gaunersprache, eigentlich die Sprache [hebr. lâschôn] der klugen Leute). Als solcher fühlt er sich gleichsam berechtigt, an den Wittschen, d. h. den Nichtgaunern, den dummen Gimpeln (abzuleiten vielleicht eher vom niederdeutschen witt, weiß, der Farbe der einfältigen Unschuld, als aus dem Hebräischen) seine Kunst („Kochemer Kunst") auszuüben, sie zu „behandeln," wie der Arzt den Patienten, ja bei Widerstand sie zu „meistern" (vereinzelt für: binden), wobei auch eine „Regierung" (Strick) oft gute Dienste leisten kann. In einer ähnlichen Anschauungs-

---

dabei nicht selten das Verhältnis von der Ursache zur Wirkung feststellen, so wenn die Galle als vermeintlicher Sitz übler Stimmungen durch „Laune," die leicht melancholisch machende Finsternis durch „Schwermut," der Hund, der durch sein Gebell die Gauner verscheucht und somit die Bedrohten rettet, als „Reiterei," das einträgliche Geschäft des Lumpensammelns als „Profit über die Achsel machen" bezeichnet wird, oder wenn die Mütze, weil man den Leuten bei ihrem Abnehmen einen „guten Tag" zu wünschen pflegt, selber in lateinischer Form als „bonus dies" erscheint. — Erklärlich sind auch noch die ironischen Umschreibungen des (meist geschwätzigen) Baders (oder Doktors) durch „Fürwitz" oder des Buckligen durch „Afterwitz" (das man wohl nicht als Afterwitz zu deuten braucht, sondern auch direkt von Ast im Sinne von Buckel [Paul, WB., S. 30; auch rotwelsch, vgl. z. B. Groß, Handb. I, S. 357] ableiten kann), ferner die Wiedergabe der (stolz in die Höhe ragenden) Säule durch „Hochmut" (bei Karmayer). Bei „Parabel" (Gleichnis) für Perücke (im Baseler Glossar von 1733) hat wohl der gleiche Anlaut mit zu dem Namen beigetragen. „Schabernack" für Kofent (Dünnbier) wird unten in Anm. 14 noch erläutert werden. Über die Entstehung einzelner Ausdrücke dieser Art (wie zum Beispiel „Unvernunft" für [gewöhnliche] Wurst, „Zuständigkeit" für silberne Löffel) lassen sich dagegen schlechterdings wohl nur ungewisse Vermutungen aufstellen.

weise bewegen sich die harmlosen Ausdrücke „Handel," „Ge=
schäft" (jüdisch = deutsch: Mas[s]ematten, aus hebr. missab
umittan, eigentl. nehmen und geben) oder „Arbeit" für die
gaunerische Tätigkeit. Wer sich zu dieser anschickt, der „fährt"
deshalb „aus" oder „geht auf die Fahrt,"[10]) um zu „arbeiten,"
zu „handeln" (auch pleonastisch „Mas[s]ematten zu handeln")
oder zu „jachern" (schachern, vom hebr. sachar), sich „ein Stück
Brot" zu „verdienen" oder auch schlechthin nur etwas zu
„machen," sodaß er ein „Faktum" (gestohlnes Gut), das er
dem „Gemachten" abgenommen hat, mit nach Hause bringt.
Dem entsprechen denn auch die Bezeichnungen für die einzelnen
Gaunerspezialitäten: der Dieb auf der Landstraße heißt zum
Beispiel Strabehändler, der Räuber Scharfhändler, der

---

[10]) Diese Ausdrücke dürften sich namentlich recht eingebürgert haben
in der Blütezeit der sogenannten „fahrenden Banden" (vgl. Zeitschr.
f. d. gesamte Strafrechtswissenschaft, Bd. V, S. 425), wo wirklich mit
Pferd und Wagen auf die Raub= und Diebeszüge auskutschiert wurde.
Daher denn auch die vielen (noch bis in die Gegenwart fortgebildeten)
Zusammensetzungen mit „Fahrt" oder „Fahrer" zur Kennzeichnung ein=
zelner verschiedner Gaunereien oder Gaunerarten, wie z. B. (die schon
ältern Ausdrücke): Flatterfahrt und =fahrer, Wäschediebstahl, =diebe
(von Flader, Flatter = Wäsche), Kracherfahrt und =fahrer, Land=
straßen=, bes. Kofferdiebstahl, -diebe (von Kracher, Koffer) oder (die neuern)
Klingelfahrt, Gelegenheitseinbruch mit vorhergehendem Klingeln an der
Korridortür, um sich Gewißheit von der Abwesenheit der Hausbewohner
zu verschaffen (Berlin), Ballonfahrt bzw. Ankerfahrt, Einsteigen über
den Balkon durch Strickleitern oder mittels eines vom Hausboden herab=
gelassenen Seiles, Wechselfahrt, Betrug mit außer Kurs gesetzten Bank=
noten (Hamburg). Schwarzfahrer bedeutete früher den Schmuggler (von
conv. Schwärze, Nacht), bezeichnet neuerdings dagegen den Vagabunden
ohne Legitimationspapiere (Schütze, Pollak). Schlittenfahrer nennen
die Berliner Gauner Personen, die „Waren auf Strebn entnehmen und diese
sofort verschleudern, ohne sie zu bezahlen" (Lindenberg). Brotfahrer
ist (nach Schütze) der Brotbeuteldieb, während endlich in der heutigen
Wiener Gaunersprache der Dieb schlechthin u. a. auch wohl Schnell=
fahrer heißt (Pollak, a. a. O., S. 230). Nicht weniger zahlreich sind
übrigens (namentlich schon in älterer Zeit) die Verbindungen mit „Gänger"
(oder ähnlichen Tätigkeitswörtern) zur Bezeichnung der Gaunerarten; vgl.
darüber Avé=Lallemant, IV, S. 291 ff.

Nachtdieb Schwarzhändler, der Pferdedieb halbjüdisch Sus=
händler oder Zoskenhändler (vom hebr. sûs, Plur. sûsim),
der Markt= und Messedieb Freikäufer oder Weißkäufer, der
gewerbsmäßige Spieler Kommerziant; der Taschendieb aber
wird gar mit dem friedlichen Gewerbe eines Scherenschleifers
verglichen, weil er nicht selten „Schere macht," d. h. mit zwei
geradegestreckten Fingern dem zu Bestehlenden in die Tasche
fährt.¹¹) Von einer Art Galgenhumor zeugen die verhüllenden
Umschreibungen des Rotwelsch, namentlich in der ältern Zeit,
für die verschiednen Strafformen, obwohl die Gauner im ganzen
hierin nicht so viel geleistet haben, als man mit Rücksicht auf die
zahlreichen ähnlichen Wortscherze des mittelalterlichen Volkswitzes
wohl erwarten sollte. Als Beispiele seien hier genannt die Be=
zeichnung des Rabensteins als „Sauerbrunn," des Galgens
als „Feldglocke," worin sich der Gehängte gleichsam als Klöppel
oder „Galgenschwengel" (1503 als Spitzname eines Gauners
belegt) hin und her bewegt, die Wiedergabe des Staupenschlags
durch „Speck und Blaukohl" (mit Rücksicht auf die blauen
Flecken des Geschlagnen), des Spießrutenlaufens durch „Walzen,"
des Prügelns und Geprügeltwerdens im allgemeinen durch „Auf=
säen" und „Aufkaufen," des Stehens am Pranger durch
„Feilhalten," der Landesverweisung durch „Wegweiser," der

---

¹¹) Derartige Vergleiche von Gaunerarten mit Berufen enthalten
ferner die (später noch in anderm Zusammenhange zu erwähnenden und
zu erläuternden) Bezeichnungen „Schneeschaufler" für den Wäsche=
dieb, „Schwarzbauer" oder „Fichtenbauer" für den Nacht= (oder auch
Taschen=)dieb; vgl. ferner: „Speckjäger," Bettler (in Wien; nach
Schütze besonders alte Nahrungsmittelbettler auf dem Lande), „Hut=
macher," Wilddieb (Groß), „Krawattenanmesser," Gurgelabschneider
(modern, wienerisch). Von großem Selbstbewußtsein der Gauner zeugen
Ausdrücke wie „Honorist," feiner Gauner, „Philosoph", Falschspieler
in sehr feinen Kreisen und „Harum Pascha," Gaunerhauptmann (bei
Groß). Daneben bekunden aber andre Ausdrücke eine gewisse Selbst=
erkenntnis des schlechten Handelns, wie „Linker" (d. h. eigentl. Falscher,
Betrüger) für Gauner und das humoristisch gefärbte „Leutfresser" für
starker, verwegner Gauner (bei Karmayer), womit zu vergleichen das
„Leute ärgern" für betteln in der Kundensprache.

Stadtverweisung durch „Blitz" (modern), der Handschellen durch
„Armspangen," „Manschetten," „Rosenkranz" oder
„Bretze(l)n." Daran reihen sich dann die vielen, meist erst aus
neuerer Zeit stammenden humoristischen Ausdrücke für die Ge=
fängnisse (Arrestlokale oder Kriminalgebäude), die von dem ein=
fachen „Kasten" (auch wohl „Kahn" oder „Kühle,"[12]) in Wien:
„Sommerfrische") aufsteigen zu der „Schule," dem „Gym=
nasium," dem „Seminar," der „hohen Schule" oder gar
dem „Graupenpalais" (neben „Erdäpfelpalast"; vgl.
auch „Erbsien"), ganz zu geschweigen noch von den speziellen
sonderbaren Namen für einzelne Strafanstalten oder Lokale für
den Polizeigewahrsam in bestimmten Orten, in deren Erfindung
namentlich die Berliner Gauner von jeher groß gewesen sind,
wie z. B. „Gasthof zum goldnen Strauß" (älter) oder
„Riesenburg" (neuer) für die Stadtvogtei, „Ochsenkopf"
für das Arbeitshaus in Rummelsburg u. a. m.[13])

Übrigens sind die Euphemismen in der Gaunersprache keines
wegs bloß auf das allerdings wohl ursprünglichste und haupt=
sächlichste Gebiet, die Verbrechen und Strafen, beschränkt geblieben,
sondern auch für andre Begriffe verwandt worden. So kommt
z. B. für die Apotheke mit ihren meist recht bitter schmeckenden

---

[12]) Diese beiden hauptsächlich auf die Berliner Gaunersprache um die
Mitte des vorigen Jahrhunderts beschränkt gebliebnen Ausdrücke enthalten
vielleicht nur aus hebräischen Wörtern zurechtgeformte „Andeutschungen,"
worüber das Nähere noch unten in Anm. 25.

[14]) Auch hierzu ist zu erwähnen, daß sich neben den angeführten,
mehr oder weniger euphemistischen Ausdrücken nicht nur mehrere sozusagen
„neutrale" Bezeichnungen für die Strafanstalten finden (z. B. öfter die=
selben Wörter wie für Haus, so namentlich „Kittchen," „Küttchen,"
Demin. zu Kitt[e], Kütte [zur Etymologie noch Näheres unten S. 51],
ferner [bei Pollak] „Beiß" [aus hebr. bajit; s. oben S. 6], „Kante"
[älter: Kanti, Kandig usw.] und „Winde" für Zwangsarbeitsanstalt),
sondern daß nicht selten aus der Umschreibung auch unzweideutig zu
ersehen ist, daß sich der Gauner in diesen „Häusern" nicht sehr behaglich
fühlt (vgl. „krank" für gefangen). Dahin gehören z. B. Schofelbayes
oder Schofelkitt, Laushütte, Beinfraßinstitut, Hungerturm,
graues Elend.

und übelriechenden Arzneien der Ausdruck „Schmeckwohl" oder
„Riechwohl" vor; ja solche Bezeichnungen haben weiter dazu
geführt, auch nichteuphemistische, sondern nur ironische Um=
kehrungen in das gerade Gegenteil (sogenannte Enantiosemien)
zu schaffen, wie zum Beispiel die Wiedergabe des Honigs durch
„Veterwasser" (d. i. Bitterwasser), der Brille durch „Blöd=
schein" oder „Trübschein" und die (bei Karmayer vorkom=
mende) sonderbare Umschreibung des Abstraktum „Wichtigkeit"
durch „Hobelscheit," also ein sehr geringfügiges, unwichtiges
Ding, beweisen.[14]) Auch wird man es vielleicht noch hierher
rechnen dürfen, wenn im sogenannten „Waldheimer Lexikon" von
1726 die damals doch immerhin schon ziemlich bedeutende Stadt
Leipzig als „kleines Dörffgen" erscheint,[15]) während bei der
Vogelsberger Bande zu Anfang des vorigen Jahrhunderts das
kleine Gießen — in einer aus Französisch und Hebräisch zurecht=
gebrauten Ausdrucksweise — „grannig Mokum," d. h. die
große, schöne Stadt, hieß.

Da nun ohne Zweifel die Gaunernatur im wesentlichen überall
auf Erden dieselbe ist, „die treibenden Kräfte, aus denen die
Gaunerwörter sich ausbilden, so ziemlich in allen Ländern den=

---

[14]) Vgl. etwa auch noch das merkwürdige „Brummbär" für Friede
(bei Karmayer) sowie (bei Kluge, Rotw. I, S. 278) „Schabernack"
für „Kofent" oder Dünnbier (eigentlich Konvent= oder Klosterbier), dessen
Auslegung als Enantiosemie sich daraus ergeben dürfte, daß das uns
heute nur noch für einen „schabenfrohen, neckischen Streich" geläufige
Wort Schabernack früher u. a. auch „eine Art starken Weines" bedeutet
hat (s. Hans Strigl, Sprachliche Plaudereien, Wien und Leipzig 1903,
S. 93). Von Zeitwörtern seien noch erwähnt: schmollen für scherzen
und mutmaßen für gewiß wissen, von Eigenschaftswörtern die (freilich nur
bei Karmayer vorkommenden): befremdt = bekannt, frostig = heiß
und weißstaubig = rußig. — Im sogenannten Hallischen „Lattcherschmus"
heißt der Rotköpfige „Blauer" (Kluge, Rotw. I, S. 492), im gewöhnl.
französischen Argot der Rotwein „bleu."

[15]) Nach einer Mitteilung von Herrn Prof. Stumme in Leipzig
soll diese Bezeichnung daher stammen, daß alles unsichere Gesindel in
damaliger Zeit außerhalb Leipzigs in dem kleinen Vororte Naundörfchen
unterzukommen pflegte.

selben Gesetzen folgen" (Lombroso, S. 392), so läßt sich auch die Behauptung von einer gewissen Ähnlichkeit aller Gauner-sprachen aufstellen und nachweisen. Denn unser Rotwelsch ist ja keine vereinzelte Erscheinung. Nicht nur bei den uns ver-wandten Nationen germanischen Stammes findet sich Ähnliches, wie zum Beispiel bei den Engländern das sogenannte cant, son-dern auch die Franzosen haben ihr besondres gaunerisches argot, wie die Italiener ihr gergo, die Spanier ihre germania (eigent-lich „Brudersprache," vom lateinischen germanus), die Portu-giesen ihr calão, und bei den slawischen Völkern existieren eben-falls zum Teil sehr reichhaltige Verbrechersprachen.

Eben deshalb aber darf man auch nicht — wie es zu-weilen geschieht — schlechthin bloß von der Gaunersprache reden und dieser einen völlig internationalen oder „kosmopolitischen" Charakter aufzuprägen versuchen. Die Behauptung zum Beispiel, die ich kürzlich in einer populären Schilderung des modernen Ver-brechertums aufgestellt fand, daß sich die Betrüger und Hoch-stapler fast sämtlicher Länder Europas im Verkehr untereinander einer und derselben Sprache bedienen, „als wären sie Geschwister, die an derselben Mutterbrust gelegen" hätten, enthält unbedingt eine sehr starke Übertreibung. Man kann in dieser Beziehung nur so viel zugeben, daß einmal infolge des unsteten Wander-lebens der Gauner — namentlich in frühern Zeiten mit ihrer Strafe der Landesverweisung — manche Fremdwörter in über-einstimmender Weise in den Gaunerjargon verschiedner Länder Eingang gefunden haben (so zum Beispiel einzelne Vokabeln aus dem Hebräischen und aus den romanischen Sprachen ebenso ins englische Cant wie in unser Rotwelsch),[16]) sodann aber auch, daß wegen des schon erwähnten gleichen Gedankengangs aller gewerbs-mäßigen Eigentumsverbrecher viele mehr oder weniger sachlich ähnliche Bezeichnungen für dieselben Begriffe, namentlich auch Umschreibungen oder Vergleiche, in allen Gaunersprachen wieder-

---

[16]) S. darüber Baumann, Londinismen, besonders S. CVII und CVIII; vgl. auch S. XCIII und CXIV ff. Über andre Nationen vgl etwa Lombroso, a. a. O., S. 388 ff.

kehren. Gerade hierfür lassen sich an der Hand der neuern Literatur die Beispiele leicht häufen. Doch mag es an dieser Stelle genügen, einige Parallelen zu den schon oben angeführten rotwelschen Ausdrücken anzuführen. Dem „schwarzen Gendarm" für Pfarrer entspricht zum Beispiel die Bezeichnung black brigade für die Geistlichkeit im englischen Cant, der „Regierung" für Strick ungefähr der Ausdruck gobierno für den Pferdezaun bei den spanischen Gaunern. Auch nennen diese ihre Tätigkeit, besonders das Stehlen, euphemistisch trabajar (arbeiten) und die beiden größern, beim Taschendiebstahl tätigen Finger tiseras (Schere), während sie bei den Engländern forks (Gabel) heißen. In Übereinstimmung damit steht dann wieder einerseits der böhmische Ausdruck klepeto (Krebsschere) für die ganze Hand (vgl. rotw.: Taschenkrebs = Taschendieb), andrerseits das in Italien (Parma) gebräuchliche forciolina (Gabelchen) für die Finger überhaupt (vgl. rotw.: gablen, schwören, wohl nach den zwei gabelförmig emporgehobnen „Schwurfingern"), endlich auch die Benennung des Taschendiebs selbst als fork in England oder forlin in der Lombardei. Die rotwelschen „Manschetten" (für Handschellen) sind auch den dänischen Gaunern, die „Armspangen" den englischen — als bracelets — bekannt. An das „Gymnasium" und die „hohe Schule" klingt das spanische ejército (in älterer Schreibweise exercito) an, das (nach Pott) vielleicht gedacht ist als „Ort wie Zeit, gelegen zur Übung im Schmieden von Plänen gegen den Feind," namentlich natürlich „zum Loskommen aus der Haft." In Italien heißt das Arbeitshaus vielfach ironisch casa felice (glückliches Haus), und die Mitglieder der sizilianischen Mafia haben gar das große Zentralgefängniß, die Vicaria in Palermo, „Kristallpalast" getauft.[17] Auch Fälle der „Enantiosemie" sind andern Gaunersprachen nicht fremd geblieben; erwähnt sei nur das englische snowball (Schneeball) für den Neger, das böhmische němy (die Stummen) für die immer schnatternden Enten und das spanische Turco (der Türke) für den Wein, weil

---

[17] A. Cutrera, La Mafia e i Mafiosi, Palermo 1900, S. 81 ff.

ihn zu trinken dem Türken nicht erlaubt ist (nach Art des „lucus a non lucendo").

Sehen wir jedoch von solcher mehr innerlicher als äußerer Kongruenz der Gaunersprachen ab, so steht jede von ihnen selbständig für sich da, was sich namentlich auch darin zeigt, daß sie immer fast völlig mit der Grammatik und der Syntax der Sprache des Landes übereinstimmen, das als eigentliche Heimat des einzelnen Gauners in Betracht kommt, sodaß sich also nur innerhalb dieses Rahmens die besondern Eigentümlichkeiten des Verbrecheridioms bewegen. Diese aber pflegen vorwiegend zu bestehn in der Erweiterung der gewöhnlichen Umgangssprache durch einzelne besondre Redensarten oder — weit häufiger — nur Wörter (namentlich Haupt= und Zeitwörter, seltner auch Eigenschafts=, Umstands=, Zahl=, Fürwörter usw.), sei es nun, daß man sie unmittelbar aus fremden Sprachen herübergenommen hat, oder daß man nach schon veralteten, bloß mundartlichen oder auf bestimmte Personenkreise beschränkten Formen der Landessprache gegriffen oder endlich in dieser auch neue Gebilde zu schaffen versucht hat. Nicht selten ist dies u. a. in der Weise geschehen, daß man das (noch jetzt gebräuchliche) Wortmaterial der gewöhnlichen Umgangssprache durch allerlei künstliche Mittel entstellt und unkenntlich gemacht hat.

In solchen Äußerlichkeiten liegt übrigens noch nicht die eigentliche schöpferische Kraft der Gaunersprachen. Diese tritt uns vielmehr erst in den meist sehr zahlreichen Begriffsübertragungen, verhüllenden Umschreibungen, Bildern und Vergleichen entgegen — ein Gebiet, auf dem die Phantasie der Gauner von jeher und überall die sonderbarsten Blüten getrieben, die verwegensten Sprünge ausgeführt hat. Zuweilen sind diese „Metaphern" äußerst frivol, so zum Beispiel da, wo sie sich auf die Religion oder den Geschlechtsverkehr beziehen,[15]) dafür aber tragen andre wieder einen

---

[15]) Beispiele aus dem Rotwelsch u. a.: Schmeichelwinde oder Winselwinde, Kirche, Himmelsteig, Paternoster, Brotgötze, heilige Hostie, Wüllenbündel, Kapuziner; barmherzige Schwester oder Geigerl, Freudenmädchen, Schublade, vulva. Haartruhe sprengen, Notzucht verüben.

geradezu poetischen Hauch an sich.[19]) Fast niemals aber entbehren sie des Witzes, der hier vom harmlosen, schalkhaften Humor bis zur beißendsten Ironie und Satire ansteigt.

*   *   *

Alle bisher erwähnten Eigentümlichkeiten der Gaunersprachen zeigt uns auch — und zwar in ganz besonderm Maße — unser Rotwelsch. Überraschend wirkt hier zunächst der Reichtum an Ent=lehnungen aus andern Sprachen. Wenn wir freilich an die all=bekannte, oft leider bis zur Karikatur getriebne Vorliebe des Deutschen für die Fremdwörter denken, so erscheint es nicht so wunderbar, daß sich auch der deutsche Gauner von fast allen Nationen, mit denen er im Laufe der Zeit in Berührung ge=kommen ist, einige Wörter angeeignet hat.

Kein Volk aber hat so deutliche Spuren in unserm Gauner=jargon hinterlassen wie das der Israeliten. Bezeichnet doch schon ein Chronist des fünfzehnten Jahrhunderts (Matthias von Kemnat 1475) das Rotwelsch als „keimisch," d. h. jüdisch, und wenig später bemerkt auch Luther in der Vorrede seiner Ausgabe des Liber Vagatorum — wenngleich mit starker Übertreibung —, daß die „rottwelsche sprache von den Juden komen" sei, „denn viel Ebreischer wort drynnen sind, wie denn wol mercken werden, die sich auff Ebreisch verstehen." Die Erklärung dieser Erscheinung ist übrigens nicht allzu schwer zu finden. Sie liegt vor allem in der Geschichte der entsetzlichen Judenverfolgungen in Deutschland. Daß sich Untertanen, die der Staat so behandelte, wie es im Mittelalter mit den Juden geschehen ist, voll Haß gegen das christliche Gesetz in das Lager der — ebenfalls im Kampfe gegen Recht und Obrigkeit stehenden — Diebe und Räuber geschlagen haben, das kann kaum sonderlich befremden. Und tatsächlich haben

---

[19]) Beispiele aus dem Rotwelsch u. a.: Deckruh, Tragbalken der Zimmerdecke, Grasfunkel, Sichel, Himmelscheinfletterl, Schwalbe, Funkenstieber, Schmied. Andre hierher gehörige Ausdrücke werden noch im Laufe der Darstellung erwähnt werden.

denn auch die Juden, die in der Gegenwart im ganzen keines=
wegs mehr übermäßig stark an der Kriminalität beteiligt sind,
in den Gaunerbanden früherer Zeiten, namentlich im achtzehnten,
ja noch im Anfang des neunzehnten Jahrhunderts, eine ganz her=
vorragende Rolle gespielt.[20]) Daneben ist auch noch der Umstand,
daß die Trödler und „Antiquitätenhändler" — von jeher die
Hauptabnehmer gestohlner Waren — meist Juden waren, nicht
ganz außer acht zu lassen. So hat denn in die deutsche Gauner=
sprache das Hebräische leicht Eingang finden können oder viel=
mehr genauer das Jüdisch=Deutsche, das sich schon ziemlich
früh zu einer selbständigen Sprachart entwickelt hat.[21]) Auch in
unserm Rotwelsch schimmern nur selten noch die ursprünglichen
Formen der hebräischen Vokabeln durch (wie etwa bei Adone
oder Adoni, Gott [aus der bekannten hebräischen Fassung ádônâi,
wörtlich „mein Herr"], Mackum, Mokom oder Mokum, Stadt
[aus hebr. mâqôm, Ort], Vezam, Ei, Eier [aus hebr. bêçâ, bzw.
Plur. bêçîm]); in überwiegender Zahl sind sie nicht nur dialektisch
stark verfärbt (wie z. B. neben Kelef, Hund [aus hebr. keleb]:
Kalef, Kalf, Keilef, Keilof, Kilef, Gilef, Kiluf[f], Kolef, Koluf,
Klobe, Globe u. a. m.), sondern auch grundsätzlich „angedeutscht"
worden. Häufig ist dies besonders in der Weise geschehen, daß
man einen hebräischen Stamm mit deutschen Endungen (und zu=
weilen auch noch mit Anfangssilben) versehen hat,[22]) wie zum Bei=

---

[20]) Noch zu Beginn der vierziger Jahre des vorigen Jahrhunderts
wurde in Berlin der bekannte Riesenprozeß gegen Moses Levin Löwen-
thal und Genossen geführt, über den namentlich Thiele, Die jüdischen
Gauner in Deutschland usw., 2. Aufl. (Berlin 1842), Bd. I, S. 22 ff. aus
führliche Angaben enthält.

[21]) Im folgenden ist „Hebräisch" und „Jüdisch" immer in derselben
Weise unterschieden worden, wie es von H. Stumme in seinem Vortrage
„Über die deutsche Gaunersprache" usw. S. 12, 13 geschehn ist. Über das
Jüdisch=Deutsche vgl. jetzt besonders Jakob Gerzon, Die jüdisch-deutsche
Sprache usw., Heidelberger Inaug.=Dissert., Köln 1902, wo in der „Ein
leitung" weitere Literaturangaben enthalten sind.

[22]) Viel seltener ist im Rotwelsch die umgekehrte Methode, also
die (im Judendeutsch nicht ungewöhnliche) Anhängung hebräischer Formen.

spiel bei den Zeitwörtern: ganfen oder (älter) genfen, stehlen
(aus dem hebräischen gânab, stehlen; vgl. rotw. Gannew, Dieb,
aus hebr. gannâb), alchen, halchen oder holchen, gehen (vom
hebr. hâlak), acheln, essen (vom hebr. âkal), beganfen, bestehlen,
hinholchen, hingehen, abacheln, abfressen, ausbaldowern,
auskundschaften (von baâl dâbâr, der Meister der Sache, der, der
den Handel kennt), vermassern, verraten (von mâsar), ver=
barseln, vergittern (von barzel, Eisen), untermackeln oder
=makkenen, unterschlagen (von makkâ[h], Schlag). Man hat
aber auch wohl hebräische und deutsche Wörter zu einem Gesamt=
begriffe verbunden, wie bei den (aus hebräischen Partizipial=
formen und deutschen Zeitwörtern [besonders: sein, machen u. a. m.]
zusammengesetzten) Verben: medabber sein, sprechen, reden (vom
hebr. mĕdabbêr, Partizip von dibbêr), meramme sein, be=
trügen (vom hebr. mĕramme[h], Partizip von rimmâ[h], täuschen),
poter machen, befreien, poter kommen, frei gelassen werden
(von pôrêr, Partizip von pârar, sich entfernen), oder aus ihnen
gar ein einziges Wort gebildet, wie bei den Substantiven Mitte=
feile, Mitternacht (von lailâ[h], Nacht), Mittiam, Mittag, ja
sogar Vormittiam, Vormittag (von jôm, Tag), Versamm=
lungs=Bajis oder Sturm=Bajis, Rathaus (wohl von Turm
und hebr. bajit, Haus, also = Turmhaus), Schubgo(h)le, Schub=
karren (vom jüd. agôlô, hebr. ʿagâlâ[h], Wagen, Karren), Amts=
schoder oder =schauter, Amtsdiener (vom hebr. schôtêr, Be=
amter, Schreiber), Mantelmelochner, Dachdecker (vom jüd.
melôchô, hebr. mĕlâʾkâ[h], Geschäft, Verrichtung), Melochestift,
Handwerksbursche, Leilegänger, Nachtdieb, Mokumswinde,
Stadttor, Barselschärfe, Feile u. a. m. Manchmal sieht man
dabei solchen Bildungen ihren halbdeutschen Ursprung kaum noch
an, wie dem bekannten Schlamassel, das vermutlich ursprünglich
„Schlimm Masel" lautete (von mazzâl, Planet, Stern, Glücks=
stern, Glück, Geschick) und also „schlimmes Glück," Unglück, Miß=

---

insbesondre der hebräischen Pluralendung, an rein deutsche Wörter. Ein
Beispiel bietet (das bei Pfister und v. Grolman vorkommende) Freyer,
Mensch, Mann, Plur.: Freierim, Mannsleute.

geschickt bedeutet.[23]) Umgekehrt hat man nicht selten bei Wörtern ganz oder halb hebräischer Abkunft eine Umdeutschung nach Art der sogenannten Volksetymologie versucht und es dabei zuweilen fertig gebracht, auch den deutsch klingenden Formen einen gewissen Sinn beizulegen. So kann man bei dem vielleicht auf das hebräische schākar (in jüdischer Aussprache schöchar), zechen, zurückgehenden[24]) rotwelschen Zeitwort schwächen für trinken (vgl. Schwäche, Wirtshaus, Schwächer, Wirt usw.) auch an die schwächende Wirkung des Alkohols denken, und nicht unwitzig erscheint es, wenn man neuerdings aus Socher oder Söcher für den herumziehenden Kaufmann (von sôchôr, Partizip des hebr. sâchar, vgl. „schachern") einen „Sucher" gemacht hat, gleichsam als Spottname auf die Not der armen Handlungsreisenden, die in jedem Nest und Winkel nach einem Besteller für ihre Waren suchen müssen (vgl. auch Schuster für Schoter). Erwähnt sei hier ferner der Name „Kümmelblättchen" für das bekannte Hasardspiel der Bauernfänger, der zwar ganz deutsch klingt, in seiner ersten Hälfte aber dem Hebräischen angehört, da diese mit dem „Kümmel" — auch als Getränk — nichts zu tun hat, sondern nur hervorgegangen ist aus der Bezeichnung des dritten Buchstabens im hebräischen Alphabet: Gimel, der als Zahl verwandt 3 bedeutet (also Dreiblättchen, Spiel mit drei Karten). Auch bei den Ausdrücken „Kies" und „Moos" für Geld (jenes abzuleiten vom hebräischen kis, Geld, eigentlich Geldbeutel, dieses die Mehrzahl vom jüd. môô, Pfennig, hebr. mä'â, Körnchen) oder bei „Lehm," „Leg'um" oder „Leben" für Brot (daher „blankes

---

[23]) Diese Ansicht findet sich nicht etwa bloß bei Avé-Lallemant (IV, S. 143, Anm. 2), sondern auch noch bei neuern Sprachgelehrten (wie z. B. Rud. Kleinpaul, Das Fremdwort im Deutschen, Leipzig 1896, S. 55). Nach H. Stumme soll dagegen „Schlamassel" nur eine Zusammenziehung aus dem hebr. schellô-mazzâl (Unglück) sein.

[24]) Diese Ableitung von H. Stumme (über die deutsche Gaunersprache, S. 20), der besonders auch auf die rotw. Nebenform „schöchern" zur Unterstützung hinweist, ist nicht ganz unbestritten. Dr. M. Brann, Breslau.) Zu gesucht erscheint wohl Avé-Lallemants Etymologie (IV, S. 607 8 u. S. 274).

Leben" = Weißbrot; gebildet aus dem hebr. lechem, Brot), ja sogar bei dem bekannten Warnungsrufe der Gauner bei Störungen in ihrer Tätigkeit: „Lampen" (von lamdôn, eigentlich der Gelehrte, dann der gewitzigte Bestohlene, der das Verbrechen vereitelt) kann man sich allenfalls noch etwas denken.

Ziemlich sinnlos ist dagegen das hebr. kâfâr (bzw. dessen sog. Verbindungsform kĕfar), das Dorf, in das deutsche „Gefahr" (periculum) umgebildet worden, während man umgekehrt aus dem hebräischen ṭeref (jüd. toref, Raub, Beute) den Ausdruck „Dorf" oder auch „Torf" gemacht hat für die Diebesbeute, insbesondre den Geldbeutel, das begehrteste Objekt der Taschendiebe, die deshalb u. a. auch als „Torfdrücker" (oder „Dorfdrücker, -drucker") bezeichnet werden. Hierher gehört ferner das aus dem neuhebräischen schĕmîrâ(h), Wache zurechtgeformte Wort „Schmiere" für Wache, das namentlich in der Verbindung „Schmiere stehn" für Wache halten (später auch verändert in „Butter" oder gar „Käse stehn") auch schon außerhalb der Gaunerkreise ziemlich bekannt geworden ist.[25]) Und was soll man vollends dazu sagen, wenn die Gauner — auf Grund des neuhebräischen tarnĕgôl, Hahn — den Herrn des Hühnerhofs zu einem „Dannegaul," die Henne zu „Tannepahl" (Tannenpfahl) umgewandelt haben, oder wenn unsre Handwerksburschen gar den Pferdeschlächter infolge verunstalteter Gaunerworte als einen „Süßchenbäcker" bezeichnen, gleichsam als handle es sich um einen Konditor, während in Wirklichkeit gemeint ist ein Zoskenpeiker (vom rotw. Zosken, Zoschen, Suschen usw. [entweder Deminutivform zu dem hebr. sûs,

---

[25]) Nach Avé-Lallemant (IV, S. 552 u. 561) soll es sich auch bei den oben, S. 20, Anm. 12 erwähnten Ausdrücken Kühle und Kahn für Gefängnis (gauner.: Kriminal- bzw. Polizeiarrest) um Andeutschungen aus dem hebr. qĕhillâ(h), Versammlung, Gemeinde, bzw. dem späthebr. kûn, hier, in loco, handeln. Für letzteres könnte allenfalls auch das vereinzelte Vorkommen von Mokum (vom hebr. mâqôm, zunächst Ort) für Zuchthaus sprechen. Wagner in Herrigs Archiv, Bd. 33, S. 237 führt ein pers. khâné, das Haus, an, was zu dem oben (in Anmerkung 13) über die Verwendung der rotw. Ausdrücke für Haus auch für die Strafanstalten Gesagten passen würde.

Pferd oder direkt aus der hebr. Pluralform sûsim gebildet] und peilern, pegern, begern = sterben, töten, umbringen, vom jüd. pegern, sterben, das zu hebr. peger, Leichnam, gehört). Und solche Wortungeheuer stehn keineswegs ganz vereinzelt da![26]

Inwieweit etwa auch noch andre orientalische Sprachen unser Rotwelsch bereichert haben, das näher festzustellen erfordert eine eingehende Untersuchung durch einen Fachmann; jedenfalls sind aber die Entlehnungen daraus — namentlich gegenüber der großen Masse des jüdisch-deutschen Wortmaterials — im ganzen als geringfügig zu betrachten. Nur die Sprache der Zigeuner, an deren Herkunft aus dem Orient heute wohl kein Zweifel mehr besteht — mögen die Ansichten im einzelnen auch noch auseinander gehn —, hat einen etwas stärkern Einfluß auf unser Gauner-deutsch ausgeübt, was man leicht begreiflich finden wird. Hat doch der Zigeuner, dieser Wandervogel aus dem fernen Osten, jahrhundertelang ähnliche Verfolgungen erdulden müssen wie die Juden, während er zudem als unverbesserlicher Langfinger dem Gaunertum noch ganz besonders nahe steht. Trotzdem darf man auch die zigeunerischen Bestandteile des Rotwelsch, die in den ältern Quellen (wie z B. im Liber Vagatorum) überhaupt noch fehlen,[27] nicht überschätzen, wie das frühere Schriftsteller häufig genug getan haben. Denn es sind im ganzen doch etwa nur einige Dutzend Zigeunerwörter, die wirklich als fester Bestand des Rotwelsch erscheinen,[28] namentlich solche, die sich auf das Stehlen und die

[26] Über das sonderbare Wort „Fähnrich" für Käse s. Näheres noch unten S.61, Anm.62. Mehrere anscheinend nach deutschen Pflanzen-, Tier- oder Eigennamen gebildete Wörter aus dem Hebräischen werden ebenfalls noch später Erwähnung finden.

[27] Über die beiden ältesten Glossare der Zigeunersprache aus den Jahren 1542 und 1597 (Kluge, Rotw. I, S. 91 u 113 ff.) s. Ausführlicheres in der in den Sitzungsberichten der Wiener Akad. d. Wiss. (phil.-hist. Kl., 1874, S. 76 ff.) veröffentlichten Abhandlung von Miklosich, auf dessen zahlreiche Schriften zur Kenntnis der Zigeunermundarten (zusammengestellt bei Groß, Handbuch I, S.401, Anm.2) hier ebenfalls verwiesen sei.

[28] Daß sich in dem Gaunerwörter Glossar von Groß „auffallend viele Zigeunerworte" finden, erklärt der Verfasser selbst durch die Berücksichtigung

geläufigsten Diebstahlsobjekte beziehen, wie z. B. Maro (zig. mâro),
Brot, Kachni, Gachni oder Gachene (zig. kachni), Henne (woran
sich auch die deutsche Zusammensetzung „Gackenscherr," gebildet
wohl vom Gackern und Scharren des Huhns, angelehnt haben
mag), Pabing oder Babing (zig. pàpin), Gans, Balo (zig.
bâlo), Schwein, Grai oder Krey (zig. grai, grae), Pferd, Lowen,
Loben, Taler (zig. lóvo, Geldstück, Plur. lowe, Geld). Zuweilen
hat man auch zigeunerische Ausdrücke volksetymologisch umgebildet,
z. B. aus bôk, Hunger, einen „Bock" gemacht oder sie mit
deutschen Endsilben versehen, so unter anderm vom zig. czor, der
Dieb (rotw. Tschor, Tschur, Schurer usw.) das Zeitwort
„(t)schornen" für stehlen (zig. czorav) gebildet, oder sie endlich
mit deutschen (oder rotwelschen Wörtern deutschen Ursprungs) zusammen zu einem Begriffe verbunden, wie Schmunk-Maro,
Butterbrot, Maroschieber oder -pflanzer, Bäcker, Ratte-
gänger, Nachtdieb (von zigeun. rat, Nacht; vgl. oben Leilegänger). Hierher gehört auch der schon früher erwähnte Ausdruck Schurersprache, d. h. also eigentlich Diebessprache, für das
Rotwelsch. Übrigens hat dieses noch eine Reihe von Wörtern
aufzuweisen, die man auf den ersten Blick leicht für zigeunerisch
halten könnte und früher wohl auch tatsächlich dafür ausgegeben
hat (wie z. B. Ka[l]schemme, Schenke, Wirtshaus), die aber
aus den Sprachen der slawischen Völker stammen[29]) und nur
insofern in eine gewisse Beziehung zu den Zigeunern gesetzt werden
dürfen, als sie zum Teil allerdings durch deren Vermittlung in
unsre Gaunersprache eingedrungen sein mögen. Die Franzosen
haben ja die bekannte Vorliebe der Zigeuner für die von Tschechen
bewohnten Gegenden in dem Ausdrucke Bohémien festgelegt, der

der „Ungarn näherliegenden Länder" (Deutsche Lit.-Ztg., 1903, Nr. 27,
Sp. 1653). Nach Pollak (a. a. O., S. 261, Anm. 3) sind dagegen z. B.
schon dem heutigen Wiener Verbrechertum „die dem Zigeuneridiom ent-
stammenden Ausdrücke durchaus fremd."

[29]) Über die slawischen Bestandteile im Rotwelsch vgl. Stumme,
a. a. O., S. 12 vbd. mit H. Groß in der Deutschen Lit.-Ztg., 1903,
Nr. 27, Sp. 1653, ferner die in dem Verzeichnis der benutzten Quellen
und Literatur angeführte Abhandlung von E. Lohsing.

erst später auch auf die Studenten des Quartier latin und andres leichtlebiges Volk übertragen wurde, und kürzlich hat ein kroatischer Jurist, Bezirksrichter Čačić in Agram (in Groß. „Archiv für Kriminal-Anthropologie," Bd. IX, 1902, S. 304) darauf hingewiesen, daß gerade vielleicht durch Zigeuner eine nicht geringe Anzahl kroatischer Vokabeln ins Rotwelsch verschleppt worden seien.

Von den beiden Hauptsprachen des klassischen Altertums hat das Griechische unmittelbar nur einen geringen Einfluß auf den Wortbestand unsrer Gaunersprache ausgeübt.[30]) So mag etwa Quien, Quin oder K'win, Hund, eher vom griech. κύων als vom französ. chien abzuleiten sein, vielleicht auch Ke(h)r, Kier, Kyr, Herr, Mann (besonders in Amtskehr, Amtmann, auch Oberkehr, Regent, Schöppekehr, Gerichtsschöffe u. a. m.), von κύριος, wenn es nicht vom zig. kêr, Haus, oder gar aus dem ältern Jargon der deutschen Juden (als Abkürzung von „Kaiserlicher Herr") herstammt.[31]) Auf das Lateinische (bzw. Mittellateinische) läßt sich dagegen eine ziemlich große Anzahl von Ausdrücken zurückführen. Dieser Unterschied erklärt sich leicht daraus, daß das Griechische niemals, das Lateinische dagegen bekanntlich lange Zeit in gewissen Kreisen auch eine gesprochne, nicht bloß geschriebne Sprache gewesen ist. In das Rotwelsch aber sind die lateinischen Brocken ganz ohne Zweifel hauptsächlich durch die fahrenden Schüler gekommen, auf deren nahen Zusammenhang mit den betrügerischen Bettlern schon der Liber Vaga-

---

[30]) Dagegen sind indirekt durch Vermittlung des Kroatischen noch einzelne Vokabeln in unsre Gaunersprache eingedrungen, die auf das Griechische zurückgehn, so (nach Čačić, a. a. O., S. 301 ff.) z. B. die (im Großschen Vokabular verzeichneten) Worte: Bura, Sturm, auch Gebüsch (vom griech. βορέας), Drom, Weg, Dromme, Straße (vom griech. δρόμος), Ori, Uhr (vom griech. ὥρα), Patyka, Apotheke.

[31]) Nach einer Mitteilung von Dr. M. Brann (Breslau) soll es sich genauer handeln um die etwa seit dem sechzehnten Jahrhundert im jüdischen Leben üblich gewordne Abbreviatur kiroh für kaisar jārūm hōdō (wörtlich: „Der Kaiser, erhaben sei seine Majestät"), für die auch die Formen kihr und k'hér vorkommen, bei denen man wohl an „Kaiserlicher Herr" dachte.

torum (an verschiednen Stellen) hinweist, indem er u. a. in einem besondern Kapitel (6) das Treiben der sogenannten „Kamme=sierer" oder „gelehrten Bettler" schildert, verkomm̄ner, bettelnd herumstreichender Theologen, der direkten Nachkommen der noch ältern „Vaganten" oder „Lotterpfaffen." Von diesen dürften namentlich die sich auf die Kirche und die geistliche Tätigkeit be=ziehenden Wörter lateinischen Ursprungs herrühren, wie z. B. Sancke (oder Sankse) für Kirche (aus sancta, sc. ecclesia), Priemer, Priester (wohl von der prima hora beim Messelesen), oren (von orare) für beten, benschen (von benedicere) für segnen, beten,[32]) Paternoster oder Paternoller für den Rosenkranz und davon paternollen (abgekürzt: nollen) oder paternaien für beten (vgl. auch „Betnoster" als gaunerischer Spitzname) sowie die Ableitungen Paternollfleppen, Bittschrift, Patronell=fingen, Gebetbuch, Paternapgacker, Betbruder u. a. m.

Aber nicht bloß für religiöse Begriffe, auch zur Bezeichnung andrer, zum Teil sogar recht profaner Dinge ist von den Gaunern das Latein verwertet worden, wobei es oft sogar ganz in seiner ursprünglichen Form und Bedeutung gelassen worden ist. So findet sich terra, die Erde, gallina, die Henne, porcus, das Schweinefleisch, finis, das Ende, hospes, der Wirt. Ein Be=deutungswechsel ist vorhanden bei corpus für Korporal, eine Begriffsübertragung bei bonus dies (guter Tag) für die Mütze wegen des Grußes bei ihrem Abnehmen (vgl. oben Anm. 9). Nur geringere Veränderungen der äußern Form zeigen die Hauptwörter Filus (statt filum) Faden, Kabal oder Kaball,

----

[32]) „Oren" und „benschen" sind auch im Judendeutsch (s. Avé=Lallemant, III, S. 203/4), und zwar das erste in West= und Süd=deutschland, das letzte ganz allgemein noch heute gebräuchlich (Dr. Brann). Im Rotwelsch wird aber „benschen" zuweilen in frivoler Übertragung auch für: (gewaltsam) bestehlen, berauben gebraucht (so z. B. „einen Gallach [s. unten S. 47] benschen" = einen Pfarrer berauben). Das tertium comparationis hat dabei — wie aus v. Grolman, W.=B., 1822, S. 8 unter „Bensch" ersichtlich ist — der Gebetriemen der Juden gebildet, mit dem der Knebel, wodurch beim gewaltsamen Einbruch die Hausbewohner überwältigt werden, in Vergleich gesetzt ist.

Pferd (von caballus), Taur, Ochse (von taurus, selten), Plump,
Blei (von plumbum), Patris (Patres, Patras), Vater, Vantis,
Kind (wohl vom Genitiv: infantis); die Eigenschaftswörter zickus
(zickis, zigis), blind (statt caecus), quant, viel, groß, gut (von
quantum); die Zahlwörter tribis, dribis, drei (wovon auch
Tripser, Kreuzer, eigentlich Dreier, zu tres) und quabers oder
quabors, vier (zu quattuor).[33] Schon schwieriger wieder=
zuerkennen sind die lateinischen Stammwörter in Terich (Therich),
Erde (von terra), Aules, Krug, auch Wirtshaus (wohl von olla),
Giel, Mund (von gola) und Pun, Geld (Zusammenziehung von
pecunia?), und ganz deutsch klingen Bildungen wie Gabler, Scharf=
richter (vom mittellat. gabalus, Galgen) und Fetzer (abzuleiten
von fetzen, machen, arbeiten, aus facere), das zwar in der Regel
nur in Zusammensetzungen vorkommt, in diesen aber eins der
ältesten und beliebtesten rotwelschen Wörter zur Bezeichnung ein=
zelner Berufe ist, wie z. B. Briefelsetzer, Schreiber, Flader=
setzer, Bader, Barbier, Kling(en)setzer, Spielmann, Musikant,
Rollsetzer, Müller u. a. m. Auch bei Spieß für Wirt, Spieße
für Wirtshaus liegt natürlich nur ein äußerlicher Gleichklang mit
dem Deutschen vor, denn entstanden sind diese Bildungen zweifels=
ohne aus dem lat. hospes und hospitium.

Es gibt aber auch umgekehrt eine ziemliche Menge rotwelscher
Wörter, die zwar ein mehr oder weniger lateinisches Aussehen
haben, jedoch teils auf andre fremde Sprachen zurückgehn, wie
Gleba, Brot, auf das tschechische chleb(a), Bonum, Maul,
Mund, auf das jüdische ponîm, Plur. von pônô, hebr. pânâ(h),
Gesicht (zu vgl. auch Sulum, Stroh, vom kroatischen slama,
Battum, Prügel, Stock — nicht etwa vom französ. baton,
sondern vom tschechischen batoh), teils von einem gut deutschen
Stamme herzuleiten sind (wie Lex, Hund, vom deutschen Zeitworte
lecken), der meist nur in der Endung latinisiert worden ist.
Hierin hat bekanntlich auch die deutsche Studentensprache von
jeher Erkleckliches geleistet, sodaß schon der Satiriker Fischart

<hr>

[33] Vgl. dazu Kluge, Rotwelsche Zahlwörter, in seiner Zeitschrift
für deutsche Wortforschung, Bd. II, 1902, S. 49 ff.

am Ende des sechzehnten Jahrhunderts spottete: „Es sind nicht alle Lateiner, die Gabelus=Zinkus können." Ebenso hat die Gaunersprache — nebst den ihr verwandten Geheim= und Scherz= sprachen — besonders gerade die Endungen -us und -um bevor= zugt. Nicht allzu schwer zu erkennen sind z. B. die von Avé= Lallemant für Besonderheiten einer alten Bordellsprache aus= gegebnen, jedoch kaum ernst zu nehmenden, in einer Scherz= dissertation „De fide meretricum in suos amatores" etc. aus dem Anfang des sechzehnten Jahrhunderts aufgeführten pseudolatei= nischen Vokabeln masculini generis: Vilhelmus, Strohsack, wegen seiner vielen Halme (was auch den Studenten und später den Gaunern bekannt gewesen ist), Vilrin(c)kus, Panzer (nach den vielen Ringen) und Biszin(c)kus, Ofengabel (vom lat. bis, zwei= mal, und dem deutschen Zinke); desgleichen die rotwelschen Bil= dungen: Blasius, der Wind, Schiebus, die Tasche, Flammus, die Fackel und Pickus, das Essen (vom rotwelschen Zeitworte picken oder bicken, essen). Dagegen dürfte einen Rechtshistoriker auf den ersten Blick wohl der (im Duisburger Vokabular von 1724 vorkommende) Ausdruck Scabinus für Fusel, schlechten Schnaps, frappieren, denn er lautet genau so wie die mittelalter= liche Bezeichnung des Gerichtsschöffen, hat aber natürlich damit gar nichts zu tun, sondern ist abzuleiten von dem deutschen Zeit= worte „schaben" (ahd. scaban), bedeutet also ungefähr so viel wie das in Norddeutschland volkstümliche „Rachenputzer" (zu vgl. als Seitenstück: Stachelinus, der Igel, in einer schwäbischen Händlersprache [Kluge, Rotw. I, S. 482]). Von den Latini= sierungen des Rotwelschen auf -um (die auch in der dänischen Gaunersprache häufig sind) seien genannt: Trararum, die Post, der Postwagen, gebildet nach dem Klange des Posthorns (daher Trararumgänger, Postdiebe) und Kuschmurum, das Ge= schriebne, Brief, Akten (besonders auch das Referat des Unter= suchungsrichters), wohl eine Verstümmelung aus „Geschmierum." Die Bezeichnungen Burglorum (neben „Burgerl") für Zuchthaus (bei Karmayer) und Burgemorum für Bürgermeister (in der Kundensprache) erinnern stark an ältere studentische Formen

(wie „Buckelorum"). Dem auch in unsre Gemeinsprache über-
gegangnen Ausdrucke „Hochstapler" (sowie den schon ältern ein-
fachen rotwelschen Formen Stabuler, Stabeler, Stappler,
ursprünglich bloß Brotsammler, Bettler) scheint ein lateinisch klin-
gendes Stabulum, verkürzt „Stabul" (schon um 1490: „Sta-
büllen"), nicht etwa für Stall, sondern für Stab, Bettelstab,
als letzte Quelle zugrunde gelegen zu haben (Kluge). Endlich
ergeben Bildungen wie Kehrum, der Degen oder Drehrum,
der Schlüssel, Nachschlüssel auch im Deutschen einen leiblichen
Sinn (vgl. auch: Baißum, die Zähne, jedenfalls von beißen, in
einer schwäbischen Händlersprache [Kluge, a. a. O., S. 488]).

Neben dem Lateinischen haben auch dessen Tochtersprachen
ihren Beitrag zu unserm Gauneridiom geliefert. Auf das
Spanische läßt sich allerdings nicht sonderlich viel zurückleiten
(Beispiele etwa: Musch, Mosche, für Mädchen vielleicht vom
span. moza, Dienstmagd, vergl. mozo, Knecht, Junge, ital. mozzo,
französ. mousse, Schiffsjunge; Kabas [Kibis, Kobis] für Kopf
vom span. cabeza, wenn nicht eher mit dem deutschen mundartlichen Kappes, Kappis oder Kabes, Kabis [schon ahd. chapuz,
mhd. kappaz, kabez, kappús], weißer Kopfkohl verwandt,[34]) das
übrigens selbst wieder als eine Entlehnung aus dem Italienischen
[capuccio] bzw. Lateinischen [caput] erscheint.) Dagegen hat das
Italienische und das Französische einen nicht zu unter-
schätzenden Anteil an der Ausgestaltung des Rotwelsch gehabt, weshalb es leicht unrichtige Vorstellungen erwecken kann, wenn Groß
gelegentlich (Archiv für Kriminal-Anthropologie, Bd. IX, S. 310)
behauptet, daß die deutsche Gaunersprache nur „wenig" italienische
und „sehr wenig" französische Wörter übernommen habe. Man
darf diesen Satz vielleicht eher dahin umkehren, daß sie ziemlich
viel Italienisch und recht viel Französisch enthält. Nur sind
freilich die hierher gehörigen Vokabeln, die meist auch erst bestimmten neuern Sammlungen angehören, nicht alle gleich leicht
erkennbar. Denn neben solchen, die dem Sinne nach gar nicht

---

[34]) Eine Unterstützung erfährt diese Ansicht durch das Vorkommen
des Wortes „Kohlrübe" für Kopf (z. B. im Großschen Vokabular).

und auch in der Form nicht oder nur wenig (z. B. oft bloß der
Schreibart nach) verändert erscheinen (wie ital.: Carne, Fleisch,
Zentinella, Schildwache, Farin, Forena, Mehl, Montane
Berg, Gebirge, Diverni, Winter [statt: inverno]; franz.:
Bonnet, Mütze, Haube, Baton, Stock, Midi, Mittag, Süden,
Kanif, Messer, Vyle, Stadt, Fenet[t]er, Finette[r], Fenster,
Teet, Haupt [vgl. das volkstüml. „Deetz"], Drapp oder Trapp
[wollenes] Tuch, Schandell, Licht, Scharett, Wagen [vgl. das
volkstüml. „Karrete"], Ho[r]loge oder Ho[r]losche, Uhr, Scha=
wane, Hütte, Hirtenhaus [aus cabane], Kartusch, Patrone,
Mustasch, Schnurrbart, Schapoh, Hut, Monnee [im nbl. L. V.
Monye] Geld, bower, arm u. a.), sowie neben solchen mit zugleich
mehr oder weniger veränderter Bedeutung (wie Tresor, [Kleider=]
Schrank, Furatsch [wohl von fourage], Fuhrmann, Gilet,
Brust [die von der Weste bedeckt wird], Porträt, Weg, Ser=
vice, Feuer, Plafond, Hut, Tschako, Hinterteil der Hose
[modern in Wien]),[35] finden sich zahlreiche, oft recht sonderbare
Andeutschungen. So lieferte das Italienische z. B.: Kasse,
(Casse, Caß), Haus (von casa), Spade(n), Degen (auch allgem.
berlinerisch für Spaten), Strade, Strahle oder Strehle,
Straße, Latsche, Milch (von latte), Castel, Schloßgebäude,
Botill, Branntweinflasche (von bottiglia, wie Buddel von
bouteille), Cabbel oder Gandel, Licht (von candela), Vitel,
Leben (von vita), Kärner, Fleisch (von carne), Maner, Hand
(von mano), Monter, Gebirge (von monte), Cumpahni, Glocke
(von campana); das Französische brachte u. a. die Hauptwörter
Gemsel oder Kemsel, Hemd (aus camisole), Scharisele, Kirschen
(von cerises), Flor, Flörl, Gulden (von florin), Chaperick, Hut
(von chapeau), Bonnacker, Mütze (von bonnet), Lunderl und
Marderl, Montag und Dienstag (aus lundi und mardi, bei

---

[35] Über Kornet, Karnet (vom französ. cornet, Fähnrich) für
Käse s. Näheres unten in Anm. 62. Bei Bagasche für Sold, Besoldung
(bei Karmayer) ist wohl weniger an eine Bedeutungsveränderung von
bagage, Gepäck, als an eine Verunstaltung von gage, wenn nicht gar an
eine Ableitung vom ital. pagare zu denken.

Karmayer), Liverl(e), Pfund, Zentner, Pommerling (Bommer-
merling, Bummerle, Bomsken), Apfel (von pomme), Botling,
Stiefel (von botte), Bläumling oder Pfläumling, Feder (von
plume), das überaus beliebte Eigenschaftswort grandig oder
grannig, groß, schön (von grand), dem bei Karmayer noch zur
Seite treten apportig, gehorsam (von Apport, Gehorsam, wohl
nach dem Apportieren des Hundes), grassig, feu, sauer (von
gras), kuraschig, scharf, schneidig, poverillig, arm, notdürftig,
nötig, tromperig, fehlerhaft, irrig (von tromper); endlich Zeitwörter wie preien, bitten, beten (von prier), kreien, schreien
(von crier), trompern, fehlen, irren (von tromper), paretteln,
wetten (von parier), arrosen, weinen (von arroser, begießen),
parlen oder barlen, sprechen, reden (von parler; neben den mehr
aus Italien. angelehnten Formen parlaren oder barlaren: vgl.
auch die Zusammensetzungen beparlen, anparlen einparlen [ein-
reden] und das sonderbare „deutsch parlen" für: in der Gaunersprache reden!), dormen oder türmen, schlafen (von dormir),
wovon dann wieder ein eigentümliches Hauptwort „Turm," der
Schlaf, abgeleitet worden ist (vgl. andrerseits im gewöhnl. frz. Argot:
schlotter und faire schloff vom deutschen schlafen und Schlaf).[36]

Weiter hat man dann nicht nur die aus den romanischen
Sprachen übernommnen Wörter mit rein deutschen in Verbindung gebracht (wie z. B. „Slömkaß" — „Slaphus" [im
niederd. Lib. Vag.], Stradekehrer, Straßenräuber, Kärner-
setzer, Schlachter, Metzger,[37] Land-Charett, Landwagen,

[36]) Ob man (mit Stumme, a. a. O., S. 23, 24) das rotwelsche
Zeitwort brifen für bringen vom französ. pris (part. pass. von prendre)
und (vielleicht auch) mengeln (menckeln) für essen vom französ. manger
herleiten darf, sei hier dahingestellt, jedoch dazu noch bemerkt, daß in schwäbischen Händlersprachen Mansche, das Essen und munschen, essen, vorkommt. (Kluge, Rotwelsch I, S. 480.)

[37]) In dieser Verbindung ist nämlich „Fetzer" nicht sowohl vom
latein. facere (oben S. 34) abzuleiten als von dem ältern deutschen
Zeitwort „fetzen" (ahd. fezzan), abschneiden, trennen; vgl. unser „zer-
setzen" und rotwelsch: Sprautzfetzer, Holzmacher, Kracherfetzen,
Kofferdiebstahl, Fetzerine, Schere u a. m.

Poſtkutſche, Langhälsebaton, Bohnenſtange, Fenetergucker, Fenſterſcheibe), ſondern auch franzöſiſche oder italieniſche En=dungen an deutſche Stämme angehängt, wie auch dies eine Zeit lang in unſrer Studentenſprache beliebt geweſen iſt. Bildungen wie Kle(i)bage, Pumpier, pechös u. a. m., die unſre Muſen=ſöhne zuerſt aufbrachten, entſprechen bei den Gaunern z. B. Spukenelle, das Geſpenſt (von ſpuken), Suſett (neben Süß=haus) für Bienenkorb (von ſüß), Glanzettchen, Trinkglas (von deſſen Glanze),[38]) Buxo, Hoſe, Rollo (neben Roller), Müller, Treppone oder Treppine, Treppe, Leiter, Fetzerine, Schere u. a. m.

Endlich muß noch erwähnt werden, daß eine ganze Reihe franzöſiſcher Vokabeln in unveränderter Form, aber teilweiſe mit Veränderung ihrer gewöhnlichen Bedeutung in der neuern Ter=minologie der gewerbsmäßigen Falſchſpieler („Freiſchupper") anzutreffen iſt. Wie in Leſſings „Minna von Barnhelm" der Franzoſe Riccault de la Marlinière die glatte Phraſe corriger la fortune dem derben deutſchen „betrügen" vorzieht, ſo haben auch unſre Gauner in dieſer Spezialität zur Beſchönigung ihres unlautern Treibens die gefälligern Formen unſrer galliſchen Nach=barn verwandt. Da begegnen wir zunächſt einem Kommer=zianten (Profeſſionsſpieler), ſo genannt nach ſeiner Tätigkeit, dem „Commerce machen." Beſchränkt er dieſe auf dumme Tölpel aus dem gewöhnlichen Volke, die er im Bonneteau (Kümmelblättchen) rupft, ſo heißt er Tripoteur (Bauernſänger), plündert er dagegen in feinerer Weiſe auch Perſonen aus den beſſern Ständen aus, ſo wird er (wie im franzöſiſchen Argot) als Grec oder Greck bezeichnet, nach dem vermeintlichen Nationallaſter des Griechenvolkes, das ja ſchon den Römern als falſch galt (vgl. fides graeca, Treuloſigkeit). Eine ganze ver=bündete Falſchſpielergruppe heißt Cagnotte; mit einem militä=

---

[38]) Ein intereſſantes Seitenſtück dazu iſt das (mit ſlawiſcher Endung verſehene) Glaſitſchka, ebenfalls für Trinkglas bei Karmayer. Bei Pollak (S. 219) findet ſich ein offenbar aus Kitte (ſ. oben Anm. 13) zurechtgeformtes „Kittlewitz" für Nachtlager, Obdach.

rischen Titel — Colonel — wird der Hauswirt bedacht, bei dem falsch gespielt wird; Premier ist der Hauptspieler, Mangeur dessen Gehilfe, der die falschen Karten (Portées) einschmuggelt, Maquillage heißt das Kennzeichnen der Karten zum Falsch=spiele, Filage das Abziehen der falschen Karten, Coupe das falsche Abheben, Biseautieren das Beschneiden, Transpor=tieren das plötzliche Verschwindenlassen der Karten usw.

Viel unbedeutender erscheint im ganzen auffälligerweise der Anteil, den die fremden Sprachen der Völker germanischer Rasse an der Entwicklung unsers Rotwelsch gehabt haben. Jedoch sind manche holländische Wörter durch den niederländischen Liber Vagatorum sowie später durch Vermittlung der großen hollän=dischen und flandrischen Räuberbanden (Ende des achtzehnten Jahr=hunderts) auch in die Sprache der deutschen Gauner eingedrungen (vgl. z. B. das noch jetzt gebräuchliche Spieker für Nagel, vom holländ. spyker), und auch Spuren des Englischen lassen sich hier und da erkennen. Schon in Wortlisten des sechzehnten Jahr=hunderts sind sie anzutreffen, wie die Vokabeln Coxe (oder Kutse) für Henne (alte Form für cock: vgl. coxcomb, Hahnen=kamm), Trewael, Schuh (von travel, Reise, Gang) und Deyster, Würfel (von dice, Plural von die; vgl. to dice, würfeln) beweisen, denen später noch andre zur Seite traten, wie namentlich Black für Tinte (vgl. dazu „Blackscheißer." Schreiber, in der ältern Soldatensprache), Cout, Kaut oder Kautz für Messer (von to cut, schneiden; Colt in niederd. Lib. Vag. dagegen wohl eher vom ital. coltello), Batteters für Kartoffeln (wohl direkt von potatoes, während die Nebenform Budaben oder Budoben ebenfalls mehr an das Italienische [patate] anklingt) und das sonderbare „Fischneß" für Weste, eine Verstümmelung aus fashionist, der Modenarr, die zugleich als interessante Umkehrung eines pars pro toto erscheint. Es zeigt sich hierin die scharfe Beobachtungsgabe der Gauner, die bei einem richtigen „Gigerl" eine schöne bunte Weste gleichsam als die Hauptsache betrachteten. Auf englischen Einfluß zurückzuführen sind allenfalls auch noch Lord für Graf, Paper für Papier (bei Karmayer), Glocke für Uhr (zu clock) und Boxl für „feuerfeste Kassa" bei den heutigen Wiener Gaunern (vgl. dazu: boxmännen = gefangen nehmen im Duisburger Vokabular von 1724).[39]

Daß man schließlich auch aus den nordischen Sprachen einzelne rotwelsche Ausdrücke mit Sicherheit herleiten kann, dafür sei hier wenigstens noch ein Beispiel erwähnt. Die meisten neuern Wörterverzeichnisse enthalten das (freilich dialektisch oft sehr entstellte) Zeitwort fe(h)mern oder febern für schreiben (auch in Zusammensetzungen wie ab=, ausfehmern usw.) und das davon wieder gebildete Hauptwort Fe(h)mer, Feberer usw., der Schreiber. Das schon in Wörtersammlungen des siebzehnten Jahrhunderts vorkommende Stammwort dazu ist Fem(e), Fehm(e), Fäume, Föhm(e), die Hand (das auch dem engl. Cant als fam bekannt ist). Dieses aber ist aus dem Schwedischen entlehnt, wo es zunächst die Zahl 5 bedeutet, was man dann auf die fünf Finger der Hand übertragen hat.[40]

*
   *

Die Gauner haben sich aber nicht bloß damit begnügt, viele Wörter aus fremden Sprachen in ihr Rotwelsch aufzunehmen, die sich dann im Laufe der Zeiten allmählich ganz von selbst mehr oder weniger veränderten, sie haben sie häufig auch grund=

---

[39] Vgl. Wagner in Herrigs Archiv, Bd. 33, S. 232/33. Über (das sicher aus dem Englischen entlehnte) „Schwindler" („Schwindel" und „schwindeln") sowie (das vielleicht ebenfalls darauf zurückgehende) „pisacken," die beide auch in unsre Umgangssprache eingedrungen sind, s. Näheres noch unten am Schlusse der Abhandlung.

[40] Vgl. dazu Schütze in Groß, Archiv, XII, S. 67 unter „fehmern." Eine Zurückführung des rotwelschen benen für sprechen (zuerst im ndb. Lib. Vag.) auf das altnord. bön oder bæn, schweb. und dän. bön (ags. bên) bei Wagner in Herrigs Archiv, Bd. 33, S. 225. — Andrerseits weist Kluge (in d. Z. d. A. D. Sprachvereins, XVI, 2, Sp. 35) darauf hin, daß das bisher unerklärte neuschwedische flicka, Mädchen, auffällig mit einem ältern rotwelschen (z. B. schon im Lib. Vag. vorkommenden) Flick, Knabe (nach Grimm, D. WB. III, Sp. 1773 = „flügge") übereinstimmt.

sätzlich schon von vornherein nach ganz bestimmten Regeln um=
zugestalten und noch unkenntlicher zu machen versucht. Da jedoch
dieselbe Methode auch für viele rein deutsche Wörter, ja hier
sogar noch weit häufiger angewandt worden ist, so empfiehlt es
sich, diese Gruppe rotwelscher Formen ohne Rücksicht auf ihren
fremden oder einheimischen Ursprung zusammenzufassen. Das
Auffälligste an allen diesen Wortentstellungen, die Avé=Lalle=
mant einst unnötigerweise mit kabbalistischen Formen und mit dem
Aberglauben der Gauner in Zusammenhang gebracht hat, ist
wohl ihre ungemein weite Verbreitung, ihr gleichmäßiges und
voneinander unabhängiges Vorkommen in den verschiedensten
Geheimsprachen der Welt, wofür u. a. schon J. M. Wagner
(in Herrigs Archiv, Bd. 33, S. 211 ff.) viele Belege zusammen=
gestellt hat. Man kann sie im wesentlichen in drei Hauptgruppen
einteilen: absichtlich vorgenommene Wortverlängerungen,
Wortverkürzungen („Abbreviaturen") und Wortveränderungen
durch Umsetzung von Buchstaben oder Silben („Transposi=
tionen").

Die Worterweiterungen (durch Einschiebung von Buchstaben
oder Silben) spielen bekanntlich eine große Rolle in fast allen
Kinder= und Schülersprachen, von denen einige in Berlin be=
achtenswerterweise den Namen „Räubersprachen" führen.[11]) Wem
ist nicht noch aus seiner Jugendzeit die ganz entsetzlich fade
sogenannte „Erbsensprache" oder die nicht viel weniger geist=
reiche P oder B Sprache (Bi=Sprache, NB=, LB=, DB
Sprache usw.) in Erinnerung? Weniger beliebt sind solche
weitschweifige und schleppende Formen in den Gaunersprachen,
was leicht daraus erhellt, daß diese doch vor allem auch einer
raschen Verständigung mit den Genossen dienen sollen, die hier=
bei fast so gut wie ausgeschlossen erscheint. Immerhin wird man
ihre Verwendung im Rotwelsch — wenigstens für die ältern
Zeiten — nicht ganz in Abrede stellen können. So zählt z. B.
der Grammatiker Schottel — und zwar schon im Anschluß an

<hr>

[11]) Hans Meyer, Der richtige Berliner usw., 6. Aufl., Berlin 1904,
S. 98, Sp. 2.

andre Gewährsmänner (wie den „kurfürstlich brandenburgischen
Leib=Medikus" Leonhard Thurneisser [„Ἑρμηνεία oder Ono-
masticon," 1583] und den vielseitig gelehrten Daniel Schwenter
[„Steganologia," 1620]) in seiner 1663 erschienenen „Ausführ=
lichen Arbeit von der Teutschen Haupt=Sprache" unter den ein=
zelnen Arten des „Rotwelschen," die er hier unterscheidet, auch
eine solche auf, die fast ganz mit der P=Sprache unsrer Schul-
jugend übereinstimmt. Sie besteht nämlich, wie er sich ausdrückt,
darin, daß „alle Silben gedoppelt oder zweymahl mit zwischen=
mengung des Buchstaben p ausgesprochen werden," und er ver=
säumt nicht, noch die genauern „Regulen" für die einzelnen Fälle
(wie Anfang oder Endung der Silbe mit einem „Mitlauter" oder
„Selbstlauter" usw.) aufs gewissenhafteste und mit Anführung
einer Menge wahrhaft zungenbrecherischer Beispiele durchzugehn.
„Nicht leichtlich," meint er mit Recht, würde wohl jemand, „der
dieses Dinges unberichtet ist," aus dem geschwinde herunter=
geschnurrten Satze: „Deipein wipideperwepertipigeper laupaurepet
aupauf nipichtipes guputepes, mapachepe dipich aupaus depem
Staupaubepe" dessen Inhalt („Dein Widerwärtiger lauert auf
nichts Gutes, mache dich aus dem Staube") erkennen.[42]

Verständlicher erscheint der Gebrauch absichtlicher Wortver=
kürzungen in den Gaunersprachen, da sie ja deren Zwecke weit
mehr entgegenkommen. Man kann für unser Rotwelsch wieder
mehrere Unterarten innerhalb dieser Gruppe unterscheiden. Zu=
nächst wird manchmal eine Kürzung von Wortzusammensetzungen
dadurch bewirkt, daß man nur die Anfangskonsonanten der ein=
zelnen Bestandteile der Verbindung beibehält und diese sodann
durch einen Vokal (meist a oder e) miteinander verbindet oder
„phonetisch belebt" (Avé=Lallemant). Danach ist z. B. aus
Reichstaler zunächst „Rat" (= R, T + a) dann auch „Rad"
als Bezeichnung für Taler überhaupt geworden, die (nach Hans
Meyer, a. a. O., S. 98, Sp. 1) noch heute allgemein auch in

---

[42] Ähnliche „rotwelsche" Sätze finden sich auch noch bei Joh. Balth.
Friderici, „Cryptografia," Hamburg 1685 (s. Kluge, Rotw. I,
S. 164/65).

der Reichshauptstadt bekannt sein soll.[43]) Ebenso mag wohl aus
„polnischer“ oder „böhmischer Groschen“ (vergl. zigeun.: Böhme,
rotw. und Kundenspr.: Böhm[e], Behma, und noch jetzt der
linerisch: Behm = Groschen) die Abkürzung „Pag, Pach“ oder
„Bag, Bach, Bachem, Bachen“ usw. (= P [B], G — a) für
den Groschen schlechthin sowie aus „Kopfstück“ als einer Bezeichnung für den „Zwanziger,“ das Zwanzigkreuzerstück (vom
hebr. Buchstaben Kaf, der als Zahlzeichen 20 bedeutet, die Zusammenziehung Kasch (K, Sch) entstanden sein. Dieselbe Methode
hat man dann aber auch bei nicht zusammengesetzten Wörtern
auf deren einzelne Silben angewandt und danach z. B. aus Polizei
„Pezet“ (= P, Z) gemacht oder unter Verwertung der jüdisch-
deutschen Namen der Buchstaben „Pezaddik,“ „Peihzaddik“
(= Pe, Zaddik), zugleich ein Wortspiel, da zaddik (hebr. çaddiq)
in seiner Grundbedeutung auch „der Gerechte“ ist (also gleichsam
ironisch: die liebe, gerechte Polizei). Ebenso ist aus dem Gendarm
(nach der gewöhnlichen Aussprache: Schandarm) ein „Schindollet“ (= Schin, Dollet) geworden[44]); und wenn unsre Vagabunden noch heute das Arbeits- oder Zuchthaus „Schinegels-
winde“ (früher auch — wie in der Gaunersprache — „Schin-
nägelsbais“) nennen, so hängt auch das, wenigstens zum Teil,
mit solchen Abkürzungen zusammen. Denn die erste Hälfte dieses
Wortes bedeutet die Sträflingsarbeit, namentlich die Erdarbeiten,
wie sie mit dem Karren, Schubkarren (rotw. Schinagole, zu-
sammengesetzt aus der Abbreviatur Schin für Schub und Agole
oder Gole [s. oben S. 27]) verrichtet zu werden pflegen.[45]) In

---

[43]) Auch im engl. Cant bezeichnet „coach-wheel“ (d. h. Kutschen-
rad, Rad) eine große Silbermünze, insbesondere das Fünfschillingstück,
das auch „cart-wheel“ heißt. Baumann, Londinismen, S. 32 u. 25.

[44]) Auch das einfache Schin, Schien, zunächst die Abkürzung für
Schließer (Gefängniswärter) findet sich wohl für Gerichts- und Polizei-
diener, Schutzmann, Gendarm usw.; vgl. Groß, Handbuch, S. 339;
Stumme, a. a. O., S. 20. Ebendas. S. 21 über (das wohl ebenfalls auf
Schien zurückgehende) „Schienkel“ – Beamter.

[45]) Von da aus ist dann „schin(n)ag(g)eln, schinnegeln,
schenigeln“ usw. ganz allgemein = arbeiten, „Schin(n)agler, Schin-

ähnlicher Weise sind von den Gaunern (nach jüdischem Muster) auch viele Städtenamen gebildet worden, indem man die jüdisch=deutsche Bezeichnung des Anfangsbuchstabens in Verbindung mit dem Worte Mokum, (Mokkum, Mokem = Stadt) gesetzt hat. Demgemäß bedeutet z. B. Mokum Beiß Berlin, Mokum Dollet Dresden, Mokum Hey Hannover (wogegen zum Unterschiede das größere Hamburg wohl als „grandig" oder „gobel [groß] Mokum Hey" bezeichnet wird), Mokum Kes Küstrin, Mokum Kuf Kassel, Mokum Lam(m)et oder Lommet Leipzig, Mokum Pey Frankfurt a. M., Mokum Reesch Regensburg, Mokum Schin Stuttgart oder auch Spandau, Mokum Zaddik Celle usw.; ja vereinzelt finden sich die Anfangsbuchstaben auch für sich allein schon für Städte gebraucht, so Kuf oder Kof für Köln oder Karls=ruhe, Mem für München, Jolef (wohl = Olef, Ollef, hebr. Aleph) für Augsburg. Die erst ganz moderne und auf lokalen Gebrauch (Hamburg) beschränkte Abkürzung Z (Zet) für Zucht=haus endlich entspricht etwa dem studentischen S. C. für Senioren=Konvent, dem M (Em) für Mark, dem D in der allbekannten Verbindung „D=Zug" (Durchgangszug) und ähnlichen Gebilden, für die unsre Sprache in der Gegenwart offenbar eine gewisse Vorliebe hat.

Auch die Art der Wortverkürzung, bei längern Vokabeln einzelne Silben wegzustreichen und nur die Anfangs= oder die Endsilben stehn zu lassen (sogenannte Aphärese und Apokope), die namentlich im französischen Argot beliebt ist (wie tra = travail, basoff = basofficier [vgl. unser neu aufgekommnes „Ober" = Ober=

nägler" u. a. m. = Arbeiter (besonders auch in Zusammensetzungen) ge=worden. So heißt z. B. der Goldarbeiter Fuchsschinegler, der Klempner Plumpschinnägler, der Weber Schlingschinnägler, der Zimmer=mann Kracherschinaler, ja (bei Schlemmer, 1840) sogar der Advokat „Link= und Rechtschenagler" (wohl auf Grund einer Verquickung des Rechtsanwalts mit dem volkstümlichen ironischen „Linksanwalt" [vgl. H. Meyer, a. a. O., S. 75]). Das (auch noch bei Groß S. 389 ver=zeichnete) schinpelommet = schlecht, schlimm ist aus einer Abbreviatur von schofel: Schin, Pe, Lommet entstanden. Thiele, Jüd. Gaun. 1, S. 307 und Anm. *; Avé=Lallemant, IV, S. 600.

kellner], typo = typographe; chand = marchand, cipal = muni-
cipal usw.), kommt bisweilen im Rotwelsch vor; ja in dem
Gaunerglossar des Österreichers Karmayer findet sich sogar
ein besondrer rotwelscher Kunstausdruck („gartengeherisch")
angeführt für „d i e Art, jenisch zu reden, wo die Wörter
halb verschluckt werden." So sind z. B. seit Mitte des achtzehnten Jahrhunderts die Abkürzungen Re und Prae für Reli-
giosen und Prädikanten, gewisse Arten betrügerischer Bettler,
überliefert; aus Scharfhandel, Raub, ist einmal bloß „S ch a r f,"
aus Schockgänger, Marktdieb (vom hebr. schûq, Straße, Markt),
nur „S ch o ck," aus Schnabelholz (älter: Schnapstock), Löffel,
schlechthin auch „S ch n a b e l" gemacht worden, und noch heute
bedeutet in der Berliner Verbrechersprache S o n n e das Zuchthaus
zu Sonnenburg, B r a n d die Strafanstalt in Brandenburg, Plötze
die in Plötzensee (vgl. dazu bei den Wiener Gaunern K r i m m
oder G r i m m = Landgericht, wohl Abkürzung von „Kriminal").
Umgekehrt findet sich schon in der ältern Gaunersprache z. B.
S t a u d e (statt: Hanfstaude) für Hemd, F a n g (statt: Windfang)
für Mantel, B r a n d (wohl statt: Schürnbrand) für Bier, S t i g e r,
Rosenkranz (statt: Himmelstiger). Auch Q u e t s ch für Amtsdiener,
Polizist ist wohl eine Kürzung von Poliquetsch, B u tz e für Gans
wahrscheinlich eine solche von Strohbutze oder Strohputzer (vgl.
auch P l a ck oder L a ck für Siegellack, Z e u g für Einbrecher-
werkzeug, S t ü ck l, Gulden, wohl statt Goldstückl, F e tz e r, Koffer-
diebe, statt Kracherfetzer, K e h r e r, Räuber, statt Straßenkehrer,
M a l o ch n e r, Schneider, statt Stichlingsmalocher, P f l a n z e r,
Schuster, statt Trittlingspflanzer u. a. m.).
Endlich hat das Rotwelsch auch von den Buchstaben- und
Silbenumstellungen Gebrauch gemacht, wenngleich lange nicht in
dem Maße wie andre Geheimsprachen, beispielsweise die sogenannte Frickhöfer Sprache, ein Krämerlatein der Hausierer in
der Umgegend von Limburg und Habamar, die ganz vorwiegend
aus solchen Silbenspielereien besteht (vgl. Kluge, Rotw. I, S. 442).
Unsre Gauner und Vagabunden haben sich zuweilen sogar nur
mit einer Veränderung des Anfangskonsonanten eines Wortes

begnügt und dadurch (nach Art des englischen rhyming slang) nicht
ohne Witz z. B. aus dem Kaufmann einen „Laufmann" (modern)
oder aus dem jüdisch-deutschen „Gallach," Pfarrer (eigentlich:
der Geschorene, der Tonsurierte, von aram.-neuhebr. gĕlach,
scheren) einen „Wallach" gemacht, während umgekehrt der
deutsche Schulmeister zu einem halbjüdischen „Dul(l)meister"
oder zu dem völlig jüdischen „Dul(l)goi" (vom hebr. dal, arm,
und goi, ursprünglich Heide, später Christ) umgewandelt ist —
eine Anspielung auf die meist recht knappe Besoldung der christlichen Volksschullehrer. Inwieweit übrigens auf diesem Gebiet
auch Druckfehler in den Glossaren ihr Spiel mitgetrieben haben
(so vielleicht bei Witze statt Hitze für Wärme, Kautz statt
Hautz für Bauer und bei dem Zopfianus der Kundensprache
statt Hopfianus, Latinisierung des Hopfenbauers), mag hier
dahingestellt bleiben. Zuweilen finden sich auch Umstellungen
einzelner Buchstaben innerhalb eines Wortes, wie bei Tirach
oder Dirach im Sinne von Weg, Landstraße, Bettelbezirk, das
möglicherweise aus dem uns schon bekannten, halb lateinischen, halb
deutschen Terich, Erde, gebildet ist,[46] bei Manistere, Suppe, aus
dem italienischen minestra, Kainf, Messer, aus dem französischen
canif (Kanif) und dem ebenfalls schon früher erwähnten Fischneß,
Weste, aus dem englischen fashionist (gesprochen: Feschenist). Beinahe unbekannt scheint dagegen unsern Gaunern die ganz genaue
Umstellung sämtlicher Buchstaben eines Wortes von hinten nach
vorn geblieben zu sein, die im sogenannten back slang der englischen costers sehr gebräuchlich ist (vgl. z. B. namow für woman,
ynnep für penny; auch im französischen Argot: luc für cul und
in der deutschen Studentensprache: Lannep für Pennal), denn

---

[46] Vgl. Schütze, a. a. O., S. 96. Jedoch liegt es vielleicht ebenso
nahe, an einen Zusammenhang mit dem hebr. derek, Weg, zu denken,
wofür sprechen würde, daß Dirach, Dirrach, Derrach die ältern Formen
sind; vgl. Derech bei Groß S. 363. Ob und inwieweit das in ältern
Wörtersammlungen als zigeunerisch angeführte Tirach oder Dirach für
Schuh (s. Kluge, Rotw., 1, S. 173, 189) damit wieder in Verbindung
steht, bedarf noch der Feststellung.

ich) fand dafür in den Quellen nur ein Beispiel (Lieck für die Stadt Kiel im sogenannten „Vaganten=Hospital" von 1668), während sonst nur Ansätze dazu vorkommen, wie z. B. tulerisch für lutherisch, protestantisch, Riescher („Streifer," Landpolizisten) wahrscheinlich statt Schiener als Mehrzahl von der oben be=sprochnen Abbreviatur Schien im Sinne von Gendarm (Stumme, a. a. O., S. 20), laschoren oder loscharen fragen, wohl statt scholaren (wie ein Schüler fragen), allenfalls auch noch Trislet, Ge=spinst, statt Filet, mit Einschiebung eines r. Häufig ist dagegen die Methode beobachtet worden, den (oder die) Anfangskonsonanten bei der ersten Silbe (oder den ersten Silben) eines Wortes zu streichen und ihn (oder sie) entweder vor der zweiten (oder den folgenden) Silben wieder einzustellen oder auch nur schlechthin in Verbindung mit einem Vokale (e, eh, ie) ans Ende zu hängen. Auf solche Weise sind dann Bildungen zustande gekommen, wie z. B. Ickbre, Ickpreh, Eckbre (dial. statt: Ückbre) für Brücke, Obete(h), Oppeku(h) (dial. statt: Appeke) für Kappe, Ockelbe(h) (dial. statt: Uckelbe[h]) für Buckel, Issewie für Wiese, Estersweh für Schwester u. a. m.[47]) Nur verhältnismäßig selten sind schließlich Umstellungen von zwei ganzen Silben eines Wortes unter Bei=behaltung ihrer gewöhnlichen Buchstabenfolge (wie das moderne, bes. studentische „Schiedunter" für Unterschied oder das „Tiktak" für Taktik in der Offiziersprache) im Rotwelsch anzutreffen. Hierher gehören z. B. Endegrü für Wiese, Grenze, das wohl als Trans=position von Grünende oder Grün Ende aufzufassen ist, Hanjo statt Johann (besonders in der Verbindung Serche=Hanjo, die Tabaksbüchse [Tabaksbeutel], von serchen, sarchen = rauchen, vom neuhebr. sârach, übel riechen und dem hier auf eine Sache über=tragnen Eigennamen Johann), Steinholz statt Holstein, das nach Art des Anagramms sogar einen neuen Sinn ergibt (vgl. Kat=

---

[47]) Über die hiermit nahe verwandte, in Wiener Verbrecherkreisen sehr verbreitete sogen. O-Sprache s. Näheres bei Pollak, a. a. O., S. 191. Auch dem sogen. „Mattenenglisch" der Berner Schüler ist diese Art der Wortentstellung geläufig. Vgl. Rollier in der Zeitschr. für deutsche Wortforschung II (1902), S. 56.

bach statt Bachlaß für Wetzstein in der Sprache der Winter=
felder Hausierer im Sauerland), angre statt grean (grün), d. h.
unsicher, nicht geheuer in der heutigen Wiener Gaunersprache.
Besonders interessant erscheint endlich das sonderbare Lefranz für
den Mönch, dann überhaupt den Geistlichen, Priester, Pfarrer.[45]
Es ist nämlich nicht etwa — wie einst Daniel Schwenter
(1620) meinte — eine Verstümmelung des lateinischen Reverendus,
sondern eine Umstellung von Franzle, der süddeutschen Ver=
kleinerungsform des Eigennamens Franz (vgl. Gugelfranz,
Mönch, Gugelfränzin, Nonne), die sich wieder als eine Ab=
kürzung für den Franziskaner darstellt, der in den ältern Zeiten als
typischer Vertreter des geistlichen Standes galt (daher dann auch
wohl: Frantze, die Pfarre).

*   *   *

Gehn wir von solcher künstlichen und gewaltsamen Behand=
lungsweise der Sprache zu den andern Mitteln über, die die
Gauner auf der Grundlage unsers einheimischen Wortschatzes noch
dazu benutzt haben, ihr Rotwelsch fortwährend als abgeschlossene
Standessprache zu erhalten, so ist zuerst der Bevorzugung vieler
jetzt veralteter („archaistischer“) Ausdrücke zu gedenken. Auch
wenn man nicht mit Avé=Lallemant für einzelne Vokabeln gar
auf das Gotische zurückgehn will (wie z. B. bei Hauhns, der
ungeübte, unerfahrne Gauner, Neuling, Tölpel; gotisch: hauns
[angels. héan, ahd. hôni], niedrig, demütig), so bleiben doch noch
viele Wörter übrig, die man bis ins Alt= oder Mittel= (Hoch=
oder Nieder=)deutsche verfolgen kann. So wird man — um aus
der großen Masse wenigstens einiges herauszugreifen — die Be=
zeichnung Ru(o)ch, Ruch(t) für Bauer vom althd. rûh, mhd. rûch,
d. h. rauh, roh ableiten dürfen, während der gleichbedeutende

---

[45] Vgl. dazu das schon im Liber Vagat. vorkommende Lefrentzin
= „Pfaffenhur,“ worauf Avé=Lallemant, IV, S. 566 den in Nord=
deutschland volkstümlichen Ausdruck „Lewerenz sin Kind“ für einen un=
bekannten Menschen, N. N. (= „Lefrenzinkind“ [vgl. Groß, S. 375], eigent=
lich Bastard) zurückzuführen versucht hat.

Ausdruck Huß oder Hautz (Bauer, Mann, Hußin, Bäuerin)
wohl von Hutzel (mhd. hutzel, hützel, gedörrte Birne, dann auch
altes runzliges Weib, guter, aber schwacher Mann) und dieses
wahrscheinlich wieder von dem althd. und mhd. hût, Haut her
kommt (vgl. das soldat. „Haut" für Geliebte und die „gute Haut"
unsrer Gemeinsprache). Das althochd. kebisa oder chebisa (angels.
cefes, cyfes, mhd. keb[e]se) für Konkubine, das sich im Neuhoch-
deutschen nur noch in der Verbindung „Kebsweib" erhalten hat,
ist leicht in den — noch neuern und neuesten Vokabularien der
Gaunersprache bekannten — Ausdrücken: Kefes, Keife (Keibe,
Keibel) für Weib, Gattin, Geliebte, Konkubine wiederzuerkennen.
Breilaft (Breylaff, Breitlaft) für Hochzeit ist nur eine mund-
artliche Färbung für das althochdeutsche prûtlouft, brûtlouf, neuhd.
Brautlauf, worin zugleich eine interessante Erinnerung an die
uralten Zeiten des Frauenraubs als Eheform steckt, da es nicht
etwa (wie noch Avé-Lallemant meinte) mit loben, verloben,
sondern mit laufen (currere) zusammenhängt (weil ursprünglich
der Bräutigam hinter der davoneilenden Braut herlief). Das
Schränkzeug, wie der gewerbsmäßige Einbrecher noch heute
seine gesamten Diebeswerkzeuge zu benennen pflegt, kann man
auf das mhd. schranc(k), die gemeinsame Quelle unsers Schranks
und unsrer Schranken, zurückführen (vgl. auch „Schränker,"
Einbrecher, „Schrendeseger," Dieb, der in einem größern Ver-
schlusse [Stube, Kammer] aufräumt). In hohes Altertum geht
jedenfalls auch der Schärfenspieler hinauf, d. h. der Mann,
der den Dieben die gestohlnen Sachen (in Bausch und Bogen)
abkauft, „schärft," um sie dann (einzeln) wieder weiter zu
vertreiben, zu „verschärfen" (wohl vom ahd. scarbôn, mhd.
scharben, scherben, nhd. scharben, schärben, in Stücke schneiden
oder brechen), ferner der Schnorrer oder Schnurrer (wohl
vom mhd. snorren oder snurren, rauschen, sausen, „schnarren";
gebraucht für betteln vielleicht von den Bettelmusikanten mit schnar-
renden Instrumenten oder auch von dem Ableiern von Gebeten
mit schnarrender Stimme), desgleichen der Putz oder Butz, der
Polizist (zu mhd. butz, butze = larva, Popanz, vgl. Butze[l]mann,

Schreckgespenst für Kinder), vor dessen wachsamen Augen sich
Bettler, Stehler wie Hehler gleichmäßig hüten müssen, wenn sie
nicht unliebsame Bekanntschaft mit der Klemms (wohl vom mhd.
klemmen oder klemben, einzwängen, zusammenzwängen, klemmen
bzw. klamben, klampfern, klemberen, fest zusammenfügen, ver=
klammern, klambe oder klam(e), Klammer, Fessel)[49]) oder dem
Kittchen (wohl eher vom mhd. küte, neundb. Kute = Grube,
Loch, Höhle oder vom mnd. kitzen oder ketzen, kleines, an ein
andres Haus angebautes Gemach als vom jüd. kissê', Stuhl, Sitz),
d. h. dem Gefängnisse machen wollen.

Besonders reich ist unser Rotwelsch, wie schon eingangs ange=
deutet ist, an allen möglichen mundartlichen Formen, denn auch
diese sind ja in gewissem Umfange noch ein geeignetes Mittel zur
Verhüllung des Sinnes der Rede. Dadurch erklärt sich auch das
ziemlich starke Hervortreten des (der süddeutschen Bevölkerung ja
ganz unbekannten) Niederdeutschen, sogar in Sammlungen des
Rotwelsch, die nicht in Norddeutschland entstanden sind. Ganz
allgemeine Verbreitung erfahren hat z. B. der Name „Torf=
drücker“ für den Taschendieb, dessen erster Bestandteil, wie
wir schon gesehen haben, auf das Hebräische zurückgeht, während
der zweite nicht sowohl vom nhd. drücken als vom niederb.
trecken, d. h. ziehen abzuleiten ist[50]) (vgl. auch: Zopper oder
Zupper, d. h. Zupfer, Zieher für denselben Begriff). Auch der
mittel= oder süddeutsche Gauner kann ferner wohl Buxen oder
Boxen tragen, seine Flinte mit Damp (Dampf), d. h. Pulver

---

[49]) In Michael Beheims „Buch von den Wienern“ (15. Jh.) findet
sich z. B. ausdrücklich die Verbindung „in der gevanknus klamen“
(Lexer, Mhd. Hand=WB., I, Leipzig, 1872, Sp. 1604). Zu vergl. ist ferner
das noch jetzt gebräuchliche oberd. (besond. bayr.) Klamm für enges (Felsen=)
Tal, das norbd. Adj. klamm für eng, knapp und die allgemein bekannte
Redensart „in der Klemme sein“ oder „sitzen.“ Nach Stumme, a. a. O.,
S. 25 ist übrigens auch eine Ableitung des Wortes „Klemms“ aus dem
hebr. kele' (Plur.: kĕlä'îm) = Gefängnis für möglich zu erachten.

[50]) Eine ähnliche, halb aus dem Hebräischen, halb aus dem Nieder=
deutschen entlehnte Zusammensetzung ist auch: Pahleganser, Holzdieb
(vom nbd. Pahl[e], Pfahl = Holz und ganser, stehlen [oben S. 27]).

(gleichsam als Wirkung für die Ursache) laden, aus einer Schuttel (Schüssel) butten oder botten, d. h. essen (vom niederd. biten, beißen), und dazu einen lütten[51] Schnaps aus einem Buddel (zunächst wohl vom französ. bouteille, vgl. berlin.: Pulle) trinken sowie Tabak schmoken aus einer Schmotsinken, Tobrypipen oder Lülke (Demin. vom niederd. Lull, eigentl. Röhre, Schlauch, vgl. lullen, saugen; rotw. lullern, blasen), vorausgesetzt, daß ihm der Bestand seiner Pabbe, d. h. des Geldbeutels (eigentl.: Kröte) diesen Luxus erlaubt. Während unsre Gemeinsprache in dem Ausdrucke „Spitzbube“ dem süddeutschen „Buben“ (dial.: Bueb, Bua) — was in der Gaunersprache auch für einen (feinen Nach=) Schlüssel, Dietrich vorkommt[52] — statt des schriftdeutschen „Knaben“ zu Ansehen verholfen hat, ist neuerdings aus dem Ber= liner Verbrecherjargon der „schwere Junge“ für den routinierten Einbrecher (dann auch wohl: „duster Junge“ [vom hebr. טוֹב, gut], „fauler Junge“ u. a. m.) in weitern Kreisen bekannt geworden.

Jedoch nicht bloß durch die landschaftlichen Sprachverschieden= heiten, auch durch die besondre Ausdrucksweise in sich abgeschlossener Personengruppen, durch die sogenannten Standes= oder Be= rufssprachen hat sich das Rotwelsch noch bereichert. Ein aus= drücklicher Hinweis auf den Einfluß der Sondersprachen der — einst als unehrlich geltenden — Scharfrichter einerseits, der Prostituierten andrerseits erscheint bei den allbekannten, überaus nahen Beziehungen dieser Kreise zu denen der Berufsverbrecher fast überflüssig. Gar manches ist ins Rotwelsch aber auch hinüber=

---

[51]) Lütt oder lüttig für klein findet sich bemerkenswerterweise in dem Glossar des Österreichers Karmayer, wo auch die ndd. Zahlwörter: vorten = 14, nigeten oder ninten = 19, twintig = 20 sowie das Zeitwort „achtersuchen“ (zu ndd. achter, hinter, nach) = nachstreben, nachtragen vorkommt, womit der Ausdruck „Achterstückel“ für Erpressung, Gewaltakt bei den heutigen Wiener Gaunern (Pollak, S. 204) zu ver= gleichen ist. — Über „wittsch“ s. schon oben S. 17, über „Pracher“ noch unten Anm. 112.

[52]) Vgl. ferner: „Schärfenbub“ — Vermittler, der einen Käufer Schärfer) für gestohlene Sachen ausfindig macht, und „Zimmermanns Bub (Bua)“ Jesus Christus.

geflossen aus der Soldatensprache, und zwar nicht nur in der Ver=
gangenheit, wo die — u. a. namentlich von Moscherosch in seinen
„Gesichten Philanders von Sittewald" (1640) geschilderte —
„Feldsprach" der Landsknechte gleichsam nur eine Abart des
Gaunerdeutsch war; auch in neuerer Zeit noch sind in dieses
einzelne militärische Fachausdrücke eingedrungen, wie zum Beispiel
die Bezeichnung „Stubenältester" auf den die Ordnung in der
Gefängniszelle (Stube) führenden Sträfling übertragen worden
ist.[53]) Daran reihen sich weiter die Sondersprachen der Jäger
(vgl. Löffel, Ohren und daher Langlöffel, Maulesel), der See=
leute (vgl. Buxe, Hose und das schon sehr alte focken, laufen,
gehn, wohl von Fock, die Focke, das Focksegel, also eigentlich die
Focksegel aufspannen, „absegeln," abziehn) und — nicht zum
wenigsten endlich — der Studenten. Schon oben ist der nahen
Berührungspunkte des ältern Studententums mit den Gaunern
kurz gedacht worden. Hier ist zur Ergänzung dazu noch hinzu=
zufügen, daß es auch unter den Mitgliedern der großen Gauner=
und Räuberbanden der neuern Zeiten fast niemals an gescheiterten
Studenten gefehlt hat. Kein Wunder also, daß — wie Kluge

---

[53]) Dazu treten noch zahlreiche, mehr im allgemeinen auf militärische
Verhältnisse (namentlich die Waffengattungen und die militärische Rang=
folge) hinweisende Ausdrücke, wie „schwarzer Dragoner" für den Floh,
das wienerische „Besengarde" für die Straßenkehrer (Pollak), die mo=
dernern (bes. in der Kundensprache beliebten) Bezeichnungen: Kadett, junger
Handwerksbursche, alter Kadett, alter verkommner Stromer, Seekadett
oder Seesoldat, Hering, Hobeloffizier, Tischler (Schütze) sowie die
Wendung „Dalles ist Rittmeister" für: der Geldmangel ist sehr groß.
Über Korporal für Bock und Hahn s. noch Näheres unten S. 74, desgl.
über das nur angedeutschte (eigentl. aus dem Hebr. stammende) Wort
„Fähnrich" für Käse: S. 61. Wie einst die Studenten bei ihren „Bier=
fehden" für die verschiednen zu trinkenden Biermaßen bestimmte Bezeich=
nungen mit theologischem Grundtone hatten, wie z. B. (in Jena): Gelehrter,
Doktor, Papst usw. (Kluge, Deutsche Studentensprache, S. 27, 28), so
sind heute die Schnapsquantitäten in der Kundensprache in militärischer
Rangfolge abgestuft: Unteroffizier, ein kleiner Schnaps, Wachtmeister,
ein großes, Rittmeister, ein ganz großes Glas Schnaps (vgl. bes. Schütze,
S. 86, 97, 98).

in seiner „Deutschen Studentensprache" näher nachgewiesen hat
einmal eine Reihe von Gaunerwörtern, wie zum Beispiel Kluft
(Klüftchen) für Kleid, Anzug, Rock (aus der rotw. Urform Claffot,
wohl zu hebr. chālifôt, Prunkkleider), Moos und Kies für Geld,
Putz für Polizei (auf lokalen Gebrauch beschränkt), wahrscheinlich
auch Mohren haben für sich fürchten (von rotw. Moore,
Furcht, jüd. mauro, hebr. môrâ') und sicher foppen für necken
(eigentlich lügen, betrügen; vgl. Lib. Vag., Kap. 13: „Vopper"
= besondre Art betrügerischer Bettler), pumpen für borgen,
blechen für bezahlen (zu Blech, Blechling = Kreuzer, Pfennig,
Geld), keilen und Keile beziehen für schlagen und Schläge
bekommen in die deutsche Studentensprache (und von da aus zum
Teil in die Umgangssprache überhaupt) Eingang gefunden hat,[54])
daß aber auch umgekehrt mancher studentische Kunstausdruck von
den Gaunern aufgenommen worden ist. Denn unrichtig ist die
Behauptung Avé-Lallemants (Bd. III, S. 97), daß sich im
Rotwelsch gar kein wirkliches, echtes Studentenwort finde. Nur
begegnet man solchen Vokabeln allerdings meist erst in den
Wörterbüchern aus neuerer Zeit. So lassen sich die bekannten
Bezeichnungen Schwager für Postillon, Postknecht (was später
auch in unsre Gemeinsprache überging) und Manichäer für
Gläubiger (mit Anklang an „mahnen") schon um die Mitte des
achtzehnten Jahrhunderts als studentisch nachweisen, während in
den Glossaren der Gaunersprache das erste dieser Wörter im
Jahre 1820 (in Krünitz, Ökonom.-technol. Enzyklopädie), das
zweite sogar erst 1847 (bei Zimmermann) zum erstenmal vorkommt. Auch Linsen (studentisch ursprünglich „christliche Linsen")
für Kreuzer, Geld, Pech für Unglück, Stoff (oder Element) für

---

[54]) Auch der Ausdruck „Kneipe" für Schenke, Wirtshaus ist früher
bei den Gaunern nachweisbar (und zwar für „Diebswirtshaus" im Jahre
1755 [Kluge, Rotw. I, S. 240]) als bei den Studenten, wo er 1782
zum erstenmal (für „geringere Bierschenke" vorkommt (Kluge, Deutsche
Studentensprache, S. 100, Sp. 1), aber trotzdem wohl kein „eigentliches
Gaunerwort" gewesen, da er sich sonst in den rotwelschen Quellen nirgends
findet. Das Nähere bei Kluge in der Zeitschr. f. deutsche Wortforschung,
III, S. 114—121.

Bier (worauf auch der „Elementenfärber" für Bierbrauer zurück=
geht), Pechhengst für den Schuster, Polipee (neben Pallopeten,
Poliquetsch, Polente u. ä.) für die Polizei, den Polizisten (studentisch:
Polyp), das Zeitwort schießen für gelegentlich stehlen u. a. m.[55])
sind sämtlich Ausdrücke der neuern Gaunersprache und in diese
zum Teil wohl überhaupt erst durch Vermittlung der Ausdrucks=
weise der wandernden (auf der „Walze" befindlichen) und „sech=
tenden" Handwerksburschen oder sonstiger Vagabunden einge=
drungen. Diese sogenannte „Kundensprache" selbst ist endlich so
nahe mit dem Rotwelsch verwandt, daß man sie als eine Art jüngern
Sproß davon bezeichnen kann. Man darf sie zwar keineswegs,
wie es wohl geschehen ist, ohne weiteres der Gaunersprache gleich=
stellen, ebensowenig aber auch als etwas gänzlich davon Ver=
schiednes betrachten. Denn zwischen den beiden Spracharten
hat — infolge des gemeinsamen Verkehrs unter Gaunern und
„Kunden" auf Landstraßen, in Herbergen („Pennen") und
Schenken — ein fortwährendes Hinüber= und Herüberwogen
stattgefunden, und wir würden ihre großen Ähnlichkeiten einer=
seits, ihre Unterschiede andrerseits noch viel deutlicher erkennen,
wenn uns über die Kundensprache ein auch nur annähernd so
reichhaltiges Literaturmaterial zur Verfügung stünde wie über
das Rotwelsch der Gauner. Leider aber fließen dafür die Quellen,
die überhaupt sämtlich erst aus der zweiten Hälfte des neun=
zehnten Jahrhunderts stammen,[56]) nur sehr spärlich.

*   *   *

---

[55]) Die (von ΩΣ in der Zeitschr. f. d. ges. Strafrechtswissenschaft,
Bd. VI, S. 260 angeführte) studentisch klingende Bezeichnung „Komment=
wirt" (oder „Kommentvater" bzw. „=mutter") für Kuppelwirt, =wirtin bei
den Berliner Verbrechern scheint nicht über die Reichshauptstadt hinaus=
gedrungen zu sein.

[56]) Das älteste Glossar der Kundensprache, das Kluge aufzutreiben
vermochte, ist einem im Jahre 1856 in Eberhardts „Allgemeinem Polizei=
Anzeiger," Bd. 43, S. 430 ff. veröffentlichten, mit v. P. unterzeichneten Auf=
satze über die Kunden und ihr Treiben angehängt. Vgl. Kluge, Rotw. I,
S. 414 ff. u. 421, Anm. 1.

Mit der Aufnahme von Archaismen, mundartlichen Formen und Ausdrücken aus den Standessprachen sind die Besonderheiten der deutschen Bestandteile im Rotwelsch noch keineswegs erschöpft; die Gauner haben vielmehr auf diesem Gebiet auch selbständige Neubildungen geliefert. Dabei kann es nun eigentlich nicht sonderlich befremden, daß sie, der Mehrzahl nach doch Leute aus den niedern Volksschichten, nicht selten neue Wortformen nach Art der Kinder und der Naturvölker geschaffen haben, indem sie namentlich Tiere oder Gegenstände nach den an ihnen mit dem Ohre wahrgenommnen Tönen bezeichneten (Lautmalerei oder Onomatopöie). Wenn freilich Lombroso (S. 387, 398) diese Tatsache für den Nachweis einer Art von Atavismus bei den „gebornen Verbrechern" auszubeuten versucht hat, so geht das natürlich wieder viel zu weit, da sich bekanntlich auch die gebildeten Erwachsenen in ihrer Redeweise gar nicht ungern solcher schallnachahmender oder onomatopoetischer Ausdrücke bedienen; man denke z. B. an den „Wauwau" in übertragnem Sinne, etwa für einen brummigen und „bissigen" Vorgesetzten, an das „Tam-Tam," das „Tingeltangel" mit seinem „Singsang," das ohrenbetäubende „cri-cri" der siebziger Jahre des vorigen Jahrhunderts und das noch ganz neue, aber sofort sehr beliebt gewordne „Töff-Töff" für das Automobil; ja manche auf diese Weise gebildete Tier- (besonders Vogel-) Namen (wie Glucke, Kuckuck, Uhu) sind sogar in unsre Schriftsprache aufgenommen worden (gleichwie dies auch bei andern Völkern geschehen ist; vgl. schon das lat. bubo, Uhu, ulula, Eule, das franz. glouglou, Truthahn u. a. m.).[57] Im Rotwelsch gibt u. a. das mit dem „Tick-Tack" der Kindersprache übereinstimmende Wort „Ti(c)k," „Ticke" oder „Tickert" für die Uhr recht anschaulich den Schlag des Pendels wieder (daher auch ganz ähnlich bei den italienischen Gaunern tic, bei den dänischen tickert, bei den holländischen |Anf. des 19. Jahrh.] dik), während die Glocke nach ihren Tönen beim Läuten wohl „Kling-

<hr>

[57] Näheres noch bei J. Winteler, Naturlaute und Sprache. Ausführungen zu W. Wackernagels Voces variae animalium. Programm. Aarau, 1892.

ling," häufiger aber „Bimbam" oder „Bim" heißt, und daher
„den Bim(bam) überrutschen" soviel bedeutet wie das Geläute
der Hausschelle beim Eintritt in ein Haus vorsichtigerweise (mit
der Hand oder mit einem Stocke) abstellen. Von dem Gänse-
geschnatter rührt offenbar „Gickes-Gackes" für albernes Gerede
her, woraus dann zunächst das gaunerische, halbjüdische lo gigges,
lo gagges für „nichts (weder dies noch) das) anfangen können,"
dann aber auch wohl die allgemein bekannte Phrase „weder Gix
noch Gax (oder: Kieks noch Kaks) von etwas wissen" (vgl. Grimms
D. WB., V, Sp. 633) entstanden ist. Nach dem Klange des Posthorns ist das schon früher erwähnte „Trararum" für den Postwagen gebildet, dessen Übertragung (in der Nebenform „Tral-
larum") auch auf den knarrenden Schubkarren allerdings reichlich
kühn erscheint. Von rotwelschen Tiernamen, die auf solche Weise
zustande gekommen sind, seien erwähnt Meckes, die Ziege (von
deren Meckern) und Trappert, das Pferd (zu traben, vgl. das
volkstümliche „Trapp-Trapp"), ein Seitenstück zu dem wohl nach
dem Klappern der Hufe benannten „Klepper" unsrer Gemeinsprache, der übrigens auch im Rotwelsch vorkommt (zu vgl. auch noch
Brummert, Ochse und in der ältern tschechischen Gaunersprache
kokrácz, Hahn, entsprechend etwa unserm „Kikeriki"). Zeitwörter
dieser Art sind endlich das merkwürdige, das Geräusch der Schluck-
bewegungen wiedergebende „gluglu" für trinken (auch als Sub-
stantiv: Durst bei Karmayer) und „klapastern," „klapattern"
oder „klepeppern" für dreschen, bei dem man förmlich den ein-
tönigen Takt der niedersausenden Dreschflegel zu hören meint.

Schon einen etwas fortgeschrittnern Standpunkt bekunden die
rotwelschen Begriffsbezeichnungen, für die nicht sowohl die Wahr-
nehmung der Ohren als die der Augen maßgebend gewesen sind.
Hierher gehört eine große Menge solcher Ausdrücke, wodurch die
charakteristischsten Eigenschaften oder Tätigkeiten belebter Wesen
— besonders der Tiere — oder ihnen gleichgeachteter lebloser
Dinge — hervorgehoben werden. Danach heißt z. B. (als pars pro
toto) die Gans Breitfuß, Plattfuß (ndl. platvoet) oder (seltner)
Rotfuß, die Ziege Spitzfuß, die Katze Schmalfuß, auch Rau-

bart oder Zwackohr, der Hase Langohr (oft genauer: kleines Langohr im Gegensatz zum Esel, dem großen Langohr) oder auch Lang- oder Latschfuß, der Maulesel Langlöffel, der Hammel Langschwanz, der Storch oder die Schnepfe Langschnabel, das welsche Huhn Rotmaul, der Elefant Wurfrüssel, das Schaf Warmbuckel usw. Die Krähe wird nach dem Aushöhlen der Bäume usw. mit ihrem Schnabel wohl Hohlaus genannt, der Mantel als Windfang, der Magen als Speisfang, der Mund als Brotlade bezeichnet (vgl. im engl. Cant: breadbasket, Brotkorb für Magen), das Bier wird (schon in älterer Zeit) durch Schürnbrand (d. i. Schür den Brand), der Spargel (später) durch Brechauf wiedergegeben, die Pendeluhr (oder auch die Feile oder Säge) durch Hin und Wieder, der Besen durch Fahrumseck, der Schuh durch Sparfuß umschrieben (vgl. im italien. Gergo: corrisempre für den immer hin und her eilenden Kellner). Besonders häufig hat man aber solche Bezeichnungen so gebildet, daß man an den Stamm eines deutschen Eigenschafts- oder Zeitworts, seltner auch eines Haupt- oder Zahlworts eine der typischen rotwelschen Endungen angehängt hat, unter denen vor allem drei besonders stark hervortreten. Es sind dies die Endungen -hart (später meist abgeschwächt zu -ert), -(e)rich (oder [e]rick) und -ling (-ing oder -linger [-inger]),[58] von denen die beiden letzten ja auch in unsrer Gemeinsprache heute noch vorkommen, wofür u. a. als Beweise angeführt seien einerseits der Fähnrich und der Wüterich, der Enterich und der Gänserich (auch wohl Ganser[t]) sowie der volkstümliche „Tatterich," andrerseits der Säugling und der Jüngling, der Höfling und der Feigling, der Schmetterling und der (auch in übertragnem Sinne gebrauchte) Pfifferling. Immerhin hat sich jetzt ihre Zahl schon bedeutend verringert gegenüber vergangnen Zeiten, wo namentlich die Bildungen auf -ling — für die bekanntlich

---

[58]) Sowohl für diese drei als auch für die andern, hier nicht erwähnten, im Rotwelsch öfter vorkommenden Endungen sei betr. der Einzelheiten verwiesen auf Avé-Lallemant, Bd. IV, Kap. 23 („Ableitungen"), S. 280--285 vbb. mit Pott, Zigeuner, Bd. II, S. 33—38.

auch unfre Sprachreiniger von jeher geschwärmt haben — sich sehr großer Beliebtheit erfreuten.[59]) Aus dem Rotwelsch vollends können hier für jede der drei Wortgruppen natürlich nur einzelne, besonders lehrreiche Beispiele angeführt werden. Unter den schon sehr früh auftretenden Formen auf =hart (=ert) sind u. a. von Eigenschaftswörtern abgeleitet: Breithart, Weide, Feld, Glatt= hart, Tisch, Blankert, Milch, Wein (vgl. ital. Gergo: bianchina), Süßert, Honig; von Zeitwörtern: Fluckhart, Vogel, Huhn (von fliegen), Floßhart, Flossert, Wasser (von fließen), Rauschert, Stroh, Strohsack (von rauschen), Flackert, Kerze (von flackern), Rollert (Rallert), Wagen (von rollen; vgl. auch schon oben S. 57: Trappert, Brummert und dazu noch Rauert, Katze, vom ält. deutsch. rauen = schreien); auf Hauptwörter endlich gehen zurück z. B. Funkhart, Feuer (zu Funke) und Stupart, Staupert oder Staubert, Mehl (zu Staub). Häufig in den rotwelschen Vokabularien wiederkehrende Wörter auf =(e)rich usw. sind die von Adjektiven gebildeten Ausdrücke Sänfterich (auch wohl verunstaltet zu Sensstrich), Bett (von sanft; vgl. unsre „Sänfte"), Härterich (Hertrich), Messer (von hart), Bunterich, Kattun (wohl von bunt neben Banderich, vielleicht von Band), während von Zeitwörtern herstammen dürften die alten Bildungen Lie= berich, Frau (von lieben) und Beschiederich, Amtmann (wahr= scheinlich von bescheiden, d. h. Bescheid geben). Nur ausnahms= weise findet sich diese Endung unmittelbar an ein Hauptwort angehängt, so z. B. bei Mantelrich, der Tragbalken unter dem Dache, rotw. „Mantel" (vgl. Snuterick, Nase im ndl. Lib. Vag.). Unter den überaus zahlreichen rotwelschen Bildungen auf =ling

---

[59]) Sehr gründlich hat hierüber besonders Charles G. Davis in seinem Aufsatze „Die deutschen Substantive auf =ling im 18. Jahrhundert" in b. Zeitschr. f. deutsche Wortforschung, Bd. IV, S. 161—209 gehandelt, nachdem schon vorher C. Müller in derselben Zeitschr. (II, S. 186—201) das Thema erörtert hatte. Beide Verfasser geben auch ausführliche Wörter= verzeichnisse, und zwar Davis unter Ausschluß, Müller dagegen unter Berücksichtigung der Gaunersprache (besonders nach den Glossaren von Avé=Lallemant und Groß). — Kürzere Bemerkungen von Behaghel und Wülfing ebb. Bd. I, S. 61, Bd. II, S. 300, 301.

(=ing), =linger (=inger) fallen zunächst einzelne auf, die auch unsre gewöhnliche (Schrift= oder Umgangs=) Sprache noch kennt, die hier aber eine andre Bedeutung haben als bei den Gaunern. So wird im Rotwelsch Sper(r)ling (abzuleiten vom Zeitwort sperren) für den Knebel gebraucht, Zwilling (älter Zwirling) für das Auge, außerdem für die „in Klasse und Einern gleiche" Zahl beim Glücksspiele (wie z. B. 44) und neuerdings auch für das Zweipfennigstück, Häckerling für die Hacke, das Beil; Stich= ling bedeutet nicht den kleinen (stachligen) Fisch, sondern den Schneider oder auch die Nadel, und Weißling endlich kommt — wie noch unten mitzuteilen ist — für sehr verschiedne Dinge vor, nicht aber als Bezeichnung des bekannten weißen Schmetter= lings.[60]) Andre, entweder von Anfang an nur dem Rotwelsch eigentümlich gewesene oder doch jetzt darauf beschränkte,[61]) zum Teil humoristisch gefärbte Schöpfungen aus dieser Gruppe sind z. B. noch von Eigenschaftswörtern: Sänftling, Bett (neuere Form neben Sänfterich), Spitzling, Hafer (auch Ahle, Pfriemen, Nadel), Längling, Wurst (auch Seil, Strick), Rundling, Kugel (modern, in Wien; in der Kundensprache im Plur.: Kar= toffeln), Dickling, Brei, Süßling, Zucker, Honig, Säuerling, Kirsche, Essig, Flachling, Teller, Wärmling, Ofen, Weit= linge, Hosen, Schmaling, Katze, Finsterling, Geistlicher; von Zeitwörtern: Schreiling (oder Rauling, zu rauen = schreien, s. oben S. 59), kleines Kind, Jämmerling, Witwe, Fletterling (Flätterling), Vogel, Taube, Schwimmerling, Fisch, Brummer=

[60]) Seltnere Bildungen der Art sind noch: Flüchtling für Vogel, Jüngling für Schornstein (Karmayer), Frischling für Anfänger, Neu= ling (modern, in Wien) und Liebling (ebd.) für Brot (wohl statt: Laib= ling, Laib Brot). Bei Karmayer kommt Höfling als Adj. „beliebig, gefällig" (sowie ein Zeitwort: behöflingen = beliebt machen) vor.

[61]) Aus dem Wörterverzeichnis von Davis (vgl. Anm. 59) ergibt sich, daß eine ganze Reihe von den im folgenden aufgezählten rotwelschen Vokabeln auf ling früher auch unsrer Gemeinsprache - nur freilich durch= weg in einem andern Sinne - bekannt gewesen sind. — An Schrei ling erinnert das vor einigen Jahren vom Allgem. Deutsch. Sprachverein als beste Verdeutschung für Baby mit dem Preise gekrönte „Kleinling."

ling, Wespe, Greifling oder Griffling, Hand, Riechling oder Schneizling, Nase, Kikerling, Auge (vom niederdeutsch. kiken = gucken), Trittling, Schuh, Fuß (zu treten), Klapperling, Pantoffel, Schneidling oder Schnittling, Schere (dieses auch Haar), Blendling, Spiegel, Schmierling, Seife, Bäck(er)-ling, Weißbrot, Braten, Krätzling, Dornbusch, Kracherling, Nuß, Schaberling, Rübe, Läuflinge, Erbsen; von Haupt-wörtern: Blechling, Kreuzer, Stieling oder Rindling, Birne (von Stiel und Rinde), Blättling, Salat, Säftling, Rebe, Rußling, Kessel, Küche, Eimerling, Eimer, Härling(e), Haar, Wolle, Beinling, Zahn, Knochen (im Plural: Hose, in der Kundensprache: Strümpfe) u. a. m. Schließlich ist noch hervor-zuheben, daß sonderbarerweise die drei typischen Endungen zu-weilen sogar an den Stamm gewisser Fremdwörter angehängt sind, wodurch dann Gebilde entstanden, die zum Teil auf den ersten Blick ganz rätselhaft erscheinen. Dahin gehören u. a.: Boßhart (Boßhart, Possert, Bosser usw.) für Fleisch (vom jüd. bôsôr, hebr. bâsâr), Schohkert, Kaffee (vom jüd. schochor, hebr. schâchôr, schwarz), Schwächert, Brunnen und Schwächerick, Durst (vom rotw. schwächen, wohl zu jüd. schochar, hebr. schâkar, zechen), Schur(r)ich, Schor(r)ich, Ware, Zeug, Handwerkszeug (neben Schore, Sore u.a.m., aus dem hebr. sĕchôrâ, Handelsverkehr), Wend(e)rich (Gewenderich, Wennerich, Wuderich), Fendrich oder gar Fähnrich(!) für Käse (von dem hebr. gĕbînâ bzw. dem ara-mäisch. gewellâ = gewentâ),62) Terich oder Therick, Land (vom lat. terra), Chaperick, Hut (vom französ. chapeau), Lo(h)w-ling, weiße Rübe (vom jüd. lowon, hebr. lâbân, weiß), Bazing, Ei (wohl aus der hebr. Pluralform bêçîm, Eier, entstanden; vgl. Bätling, Eier schon um 1490 bei Ger. Edlibach), Dal-

---

62) So: Stumme, a. a. O., S. 14, wonach die Hypothesen Avé-Lallemants (IV, S. 539 unter „Fendrich") über die Entstehung des Wortes (vom deutsch. Wand, wenden) wohl zu berichtigen sind. Daß man später bei dem Ausdrucke „Fähnrich" tatsächlich an die militärische Charge gedacht hat, beweist seine Übertragung ins Französische durch Kornet(t) (Kar-net[t], Cornet, Carnet), die ich zuerst im Baseler Glossar von 1733 finde.

linger oder Dollinger, Henker, Scharfrichter (vom jüd. tôlô, hebr. tâlâ[h], aufhängen, henken),[63]) Pabing oder Babing, Gans (vom zigeun. pâpin; s. oben S. 31), Ratting, Nacht (vom zigeun. rat, oben S. 31) und die schon früher (S. 38) erwähnten halbfranzösischen Bezeichnungen Pommerling, Apfel, Botling, Stiefel, Pfläumling oder Bläumling, Feder.

Eine besonders wichtige Rolle spielen bei Wortbildungen dieser Art erklärlicherweise auch die Farben, da sie dem mehr äußerlich beobachtenden Menschen nur zu leicht als das Wichtigste an einer Sache erscheinen. Deshalb heißt z. B. das Feld oder die Wiese Grünhart (Grunert, Gronert), die Semmel Weißert, das Bier Braunert oder Bräunling, der Kaffee Schwärzling (vgl. auch oben: Lo[h]wling). Freilich kann es dabei nicht ausbleiben, daß schließlich solche Ausdrücke für eine ganze Reihe von Dingen wiederkehren, die die gleiche Farbe tragen, wie dies ja auch in unserm gewöhnlichen Deutsch (namentlich bei den naturwissenschaftlichen Bezeichnungen) der Fall ist (vgl. Davis, a. a. O., S. 165). So wird z. B. Weißling von den Gaunern sowohl für den Schnee, das Ei und die Milch als auch für den „Silberzwanziger" und neuerdings für das Fünfpfennigstück ge braucht, Grünling für Laub, Gras, Kraut, Kohl, Wiese und Zaun, Gelb(e)ling, Gilbeling oder Gilwerling für Hirse, Wachs und Weizen, Rötling für Blut, Erdbeere und Zwetsche, die aber auch als Blauling (oder Blauerling) bezeichnet wird, ebenso wie zuweilen die Milch.

---

[63]) Stumme, a. a. O., S. 23 leitet auch Leminger (Lö[h]ninger, Len[n]inger, Leininger usw.) für Soldat nicht sowohl vom deutsch. Lohn her als aus dem Hebräischen (näml. v. d. neuhebr. ba'al milchāmā, wörtl.: Herr des Krieges, zugleich mit einer Anlehnung an lechem, Brot [Solb]). — Für Kluft (oben S. 54) findet sich vereinzelt auch Klufting, neben Wen berich auch Wenderling für Käse. Aus dem rotw. Schi(e)n bzw. Schindollet für Gendarm (s. oben S. 44 u. Anm. 44) hat man in der Kundensprache einen „Schindling," in der Sprache der Winterfelder Hausierer sogar einen „Schändling" gemacht. Ebd. findet sich ferner Hölcherling für Schuh, Stiefel, das zweifelsohne auf holchen (halchen, alchen) — gehen zurückgeht; vgl. Kluge, Rotw. 1, S. 415, 440 1.

Hiermit ist jedoch das Gebiet der „gaunerischen Farbenlehre“ noch lange nicht zu Ende. Namentlich hat man öfter die Farben bezeichnenden Eigenschaftswörter durch Vorsetzung eines Artikels einfach zu Hauptwörtern erhoben[64]) und sie so zur Bezeichnung von Ländern, Personen (nach ihrer Nationalität oder ihrem Berufe), von Sachen, ja sogar von abstrakten Begriffen verwandt. In dem Glossar des Österreichers Karmayer heißt z. B. Ungarn das Blaue, Illyrien das Schwarze, Böhmen das Schwarzerische, Österreich das Weiße oder Weißerische und dementsprechend der Böhme der Schwarze, der Österreicher der Weiße (wohl mit Rücksicht auf die früher vorwiegend weiße Uniform der österreichischen Soldaten).[65]) Der „Blaue“ ist dagegen jetzt all=

[64]) Die Substantivierung von Adjektiven ist auch sonst im Rotwelsch — wie überhaupt in den Gaunersprachen — ein sehr beliebter Vorgang; vgl. u. a.: Pott, Zigeuner, II, S. 2 ff.; Lombroso, a. a. O., S. 385; Stumme, a. a. O., S. 17, 18. Im Rotwelsch wird dabei das Eigenschaftswort bald völlig unflektiert gelassen (wie bei Spitz, Gerste, Spitzig, Rute, Sanft, Bett, Warm, Zimmer, Süß, Honig, Link, Lüge, Nobel, Edelhof; [der] Kühl, der Trunk, [der] Sauber, die Serviette, [das] Flach, das Feld), bald dagegen flektiert (wie: Gleicher, Kamerad, Bruder, Linker, Gauner, Schmaler, Katze; [die] Platte, die Gans, [die] Halbe, die Seite, [das] Pegrische, das Spital [zu pegern, sterben, s. oben S. 30]; einen Bittern haben, zornig sein usw.). Sehr selten ist dagegen der Gebrauch von Hauptwörtern für Eigenschaftswörter (oder Adverbien usw.), die in größerer Zahl nur bei Karmayer vorkommen (vgl. oben Anm. 60 betr. Höfling). Besonders interessant sind: „Mondschein“ = leer, lebig, nicht (Mitte des 18. Jhrh.; Kluge, Rotw. I, S. 240 [vgl. auch Avé-Lallemant, II, S. 66, Anm. 1]), und „Farbe“ = viel, oft (bei Christensen, 1814).

[65]) Vgl. Horn, Deutsche Soldatensprache, S. 41: „Weißröcke“ allgemein für österreichische Soldaten. Riedels Gaunerwörterbuch von St. Georgen am See (1750) verzeichnet „Weiß=Leininger“ (vgl. oben Anm. 63) sogar schlechthin für „Soldat zu Fuß“ (Kluge, Rotw. I, S. 218); Pfister und v. Grolman haben das jüd. Lohwene Ballma(e)ker nur für „österreichische Soldaten“ (vgl. Thiele: Lowene Balmechoneß, „österreichisches Militär,“ zu jüd. lowon, hebr. lābān, weiß und ba'al milchāmā, s. oben Anm. 63); endlich ist „Weißmatiner“ bei Karmayer noch spezieller der österreichische Infanterist. In der neuern Wiener Gaunersprache heißt dagegen der Soldat nach den österreichischen Landesfarben

gemein   namentlich aber bei den Gaunern der Reichshaupt=
stadt   der Polizist, der Schutzmann, womit dessen satirische
Definition nach dem Berliner Volkswitz als „blau anjestrichnes
Abführmittel" übereinstimmt (s. H. Meyer, Der richtige Berliner
usw., S. 18 unter „Blau," Nr. 6; vgl. auch Blaumajl, Polizei=
agent in der modernen Wiener Gaunersprache und das ältere
Blaukragen für Gendarm, desgl. im engl. Cant: blue und älter
blue bottle [neben Robin-readbrest] für den Polizisten). „Weißes"
schlechthin bedeutet wohl auch Papier, wie „Schwarz" oder
„Schwärze" die Tinte (vgl. „Black"), öfter aber (im Gegensatze
zu einem seltnern „[die] Weis," d. h. die Weiße für den Tag)
die Nacht (daher: Schwarzbauer, Nachtdieb, Schwarzfahrer,
Schmuggler), während „der Grüne" poetisch den Frühling um=
schreibt. Häufiger sind aber noch zusammengesetzte Begriffs=
bezeichnungen nach Farben, die auf Grund von allerlei Vergleichen
zustande gekommen sind. Dahin gehören u. a. Gelbaugen für
Hirse, Rothosen für Kirschen, Blauhosen für Zwetschen (nach
dem Vorbilde von Grünhose für [Feld=] Jäger und ähnlichen
als partes pro toto aufzufassenden Personenbezeichnungen), blaue
Bohnen für Kugeln (wie in der Soldatensprache; auch bei den
Engländern blue pills), Blaukohl für den Staupbesen, Weiß=
birn für Ei, Schwarzhaber für Speck, Schwarzmantel für
den Schornstein. Auch der Himmel wird mit einem blauen
Mantel verglichen, der Winter (in der Kundensprache) poetisch
„Vater Weiß," die Erde „Mutter Grün" genannt, bei der
der „Sonnenbruder" immer freies Quartier findet (daher das
allgemein bekannt gewordne „bei Mutter Grün schlafen" soviel

„Schwarzgelber," was außerdem auch noch für „Denunziant" sowie
jeden, der „es mit der Obrigkeit hält," vorkommt (Pollak, S. 231). —
Bemerkt sei noch, daß andre rotwelsche Wörtersammlungen in den Be=
zeichnungen der Länder nach Farben von Karmayers Terminologie mehr
oder weniger abweichen. So findet sich namentlich Preußen öfter durch
„blaue Märtine" wiedergegeben, womit der (wohl auch nach der Farbe
der Uniformröcke gebildete) Ausdruck „blaue Battmaker" (statt: „Ball
maker") oder „blaue Machome" für preußische Soldaten (z. B. bei
Pfister) übereinstimmt.

wie im Freien übernachten; vgl. auch noch Grünweher, Rasen, Weißgrün, Brennessel). Der Pastor heißt ironisch schwarzer Gendarm, Schwarzfärber oder (in Wien) auch Schwarz= künstler, was sonst (namentlich auch in der Kundensprache) ge= wöhnlich für den Schornsteinfeger vorkommt, den die ältern rotwelschen Quellen unter der gröbern Bezeichnung „Schwarz= arschkaffer" kennen; der Floh aber wird — gleich wie der ebenso behende und lästige, dunkelfarbige Zigeuner — Schwarz= reiter (oder in neuerer Zeit wohl auch schwarzer Dragoner) genannt (vgl. dazu im engl. Cant: scotch greys, Läuse, eigentl. schottische Kavallerie in grauer Uniform).

Ein auf Farbenbezeichnung begründetes Wortspiel enthält noch die Umschreibung Weisheitsschieber für den Bäcker, des= gleichen der anscheinend geographische Name Graudenz für das Arbeitshaus (mit Anklang an das gleichbedeutende „graues Elend"). Von hier aus ist es dann nur noch ein Schritt dazu, bestimmte Ausdrücke für Gegenstände (oder Personen) mit be= sonders hervorstechenden Farben auf andre Begriffe zu über= tragen, auch wenn in dem Worte selbst die Farbe als solche überhaupt gar nicht (also auch nicht einmal andeutungsweise) Erwähnung gefunden hat. So zeigt sich die weiße Farbe am reinsten wohl beim frisch gefallenen Schnee. Da aber auch ein Taschentuch, überhaupt Leinwand, Wäsche, ferner Papier und Wachs regelmäßig weiß ist, so nennen die Gauner dies alles, ja auch wohl Silber= oder gar Papiergeld ebenfalls schlechthin Schnee (daher z. B. auch Schneeschaufler, Wäschedieb, Schnee= pflanzer, Leineweber). Der Umstand, daß die dunkeln Fichten= wälder von weitem fast schwarz, „schwarz wie die Nacht" er= scheinen, hat Veranlassung dazu gegeben, den konkreten Ausdruck Fichte auf den abstraktern Begriff Nacht zu übertragen (daher z. B. auch Fichtschmier, Nachtwache, Fichtschmierer, Nacht= wächter, Fichtegänger, Fichtestrohmer oder pleonastisch Lile= fichter [vgl. oben S. 27], Nachtdieb [in Wien jetzt: Fichten= bauer, Taschendieb]). Schwarzes Zeug wird (z. B. bei A. Hempel, 1687) als rußiger Köhler personifiziert, während der ebenfalls schwarz gedachte Teufel zur leblosen Kohle herabsinkt (Pfullend. Jahn.=WB., 1820), ähnlich wie bei den sizilianischen Mafiosen der Priester cocciu ri carbuni, d. i. „ein Stück Kohle“ heißt (Cutrera). Aus dem meist grün uniformierten Jäger, Förster oder Feldhüter hat man dagegen einen Specht (neben Grün=specht, Grünwedel u. a. m.) oder Laubfrosch gemacht, da diese Tiere von der Natur ebenfalls mit einem grünen Ge=wande bekleidet sind; und wenn (bei Karmayer) die Sommer=sprossen als Finken bezeichnet werden, so liegt dem wohl der Gedanke zugrunde, daß die Haut des sommersprossigen Menschen so „bunt“ erscheint wie das Gefieder der Finken. Eben dahin gehört auch noch Fuchs (neben Rot= und Gelbfuchs) für Goldstück, Dukaten sowie Knallhecht für Soldat und Dreitresserhecht für den Feldwebel, die beide (nach Avé=Lallemant) wohl auf eine hechtgraue Uniform anspielen (vgl. im engl. Cant canary-bird, Kanarienvogel für Gefangner wegen seiner gelben Jacke, im ge=wöhnl. Slang lobster), Hummer für Soldat wegen des krebs=roten Rocks, im französ. Gaunerargot sanglier, Wildschwein für den schwarz gekleideten Priester, Pfaffen, im gewöhnlichen Argot perroquet, Papagei für den grünlichen Absinth, bei den sizi=lianischen Mafiosen palumma, Taube für weißes Taschentuch und in der span. Germania cisne, Schwan für öffentliche Dirne, nach Pott „vermutlich wegen ihrer schwanenweißen Unschuld“ usw.

*　　*　　*

Die zuletzt erwähnten Beispiele enthalten nun zugleich den Übergang zu der großen Zahl von Vergleichen, die das Rot=welsch überhaupt dem Bereiche der Natur entnommen hat. Be=gegnen schon häufig Ausdrücke aus dem Gebiete der Mineralogie oder der Geologie sowie allerlei Pflanzennamen sowohl zur Be=zeichnung von Sachen (wie Stein, Kissen, auch Gulden, Mühl=stein, Taler, Kilometerstein, Branntweinflasche [modern], Steinfalle, Berg. Steinhausen, Haus, Stadt. Kupfer, Heu, Blech, Gips oder Kies [s. oben S. 28], Geld. Schiefer, Kleingeld [in Wien]; Zwiebel, Uhr, [blaue] Bohnen, Kugeln,

Erbsen, Schrot, Pfeffer oder Kümmel, Pulver, Flachs, Haar oder [neuer] Markstück, Linsen, Kreuzer, Moos oder Torf, Geld,[66]) Hanf, Brot, Hanfstaude, Hemd, Langhalm Stiefel [selten], Weißbirn, Ei, Blaukohl, Staupbesen, Kohl=rübe [s. oben Anm. 34] oder Kürbis [vielleicht statt: Kibes], Kopf), als auch (wenngleich seltner) von Tieren (wie Sand, Läuse, Dornkraut, Reh, Kiennadeln, Ungeziefer)[67]) oder gar von Personen (wie Kleckstein, Verräter, Schmierstein, Auf=passer; Hopfen, Bauer, Klette, Büttel, Grünstäudel, Jäger),[68]) so ist doch das Tierreich erklärlicherweise noch weit stärker vertreten. Hat doch schon unsre gewöhnliche Umgangs=sprache aus der Tierwelt eine Menge eigentümlicher Ausdrücke — und zwar keineswegs bloß Schimpfwörter — entlehnt, die dann in den Sondersprachen der Stände (Soldaten, Studenten usw.) noch eine bedeutende Steigerung erfahren haben. In seiner „Teutschen Studentensprache" hat z. B. Kluge der „burschikosen Zoologie" einen eignen Abschnitt (S. 50—55) gewidmet, der übrigens neben manchen sonderbaren, neuerdings in Vergessenheit

---

[66]) Während Torf im Sinne von Geld (so in Berlin nach Linden=berg, S. 191, sonst meist enger: Geldbeutel) — ebenso wie Moos — eine auf das Hebräische zurückgehende Andeutschung ist (s. oben S. 29), scheint es dagegen in dem (modernen) Sinne von Schwarzbrot (nach Schütze, S. 96) mit unserm (aus dem Niederdeutschen stammenden) Aus=drucke für das bekannte Heizmaterial identisch zu sein, sodaß es den oben (S. 65 ff.) erwähnten, nach der schwarzen Farbe gebildeten Bezeichnungen (wie Fichte, Kohle) anzureihen wäre.

[67]) Die Vermutung liegt wohl sehr nahe, in diesem meines Wissens übrigens nur bei Schütze (S. 73) verzeichneten Ausdruck eine volksetymo=logische Ausgestaltung des ältern rotw. Kineh, Kienum, Kinnim (auch Kimm, Kimmen) usw. für Ungeziefer, insbesondre Läuse, zu erblicken, das (nach einer Mitteilung von Prof. E. Kautzsch in Halle) seinerseits wieder auf das biblische kinnim oder kinnâm, d. h. eigentlich Stechmücken, zurückgeht. — Bei Karmayer findet sich: Kienstock, Schaf, Kienstöckl, Lamm.

[68]) Vereinzelt kommen solche Ausdrücke sogar für ganz abstrakte Begriffe vor, wie Schreckstein, Angst, Furcht, Wohlstein, Rührung, Krallborn, Widerwärtigkeit (die beiden letzten bei Karmayer, der hierin besonders reichhaltig ist). Vgl. auch schon oben S. 16.

geratnen Bezeichnungen auch solche enthält, die schon in den all=
gemeinen Sprachgebrauch übergegangen (wie Backfisch, Spitz, Affe,
Kater) oder doch den Bewohnern von Universitätsstädten ziemlich
geläufig geworden sind (wie Fuchs [krasser, Brand=, Leibfuchs,
Stiefelfuchs], Pudel, Kamele, Finken, Salamanderreiben). Weniger
bekannt, aber nicht weniger reichhaltig besetzt ist der Tiergarten,
den sich die Phantasie der Gauner errichtet hat, und aus dem
wenigstens einige der interessantesten Exemplare vorgeführt zu
werden verdienen. Da ist z. B. der Iltis, d. h. der gewandte und
listige Polizist (Stadtknecht, Büttel), der Teckel, d. h. der Gendarm,
der, um seinem Berufe gerecht zu werden, eine scharfe Spür=
nase haben, überhaupt — um mit den „Fliegenden Blättern"
zu reden — „gescheit wie ein Dackel" sein muß,[69]) die Eule, d. h.
der wie dieser Vogel die Nacht zum Tage machende Nachtwächter.
Krebs bedeutet in der Kundensprache den Seiler, weil er sich
gleich diesem Tiere bei der Ausübung seines Handwerks rückwärts
zu bewegen pflegt; kleine Kinder werden rotwelsch als Lämm=
linge (Lämmchen) bezeichnet; Mücke kommt für Spion, Rabe für
junger Gauner (auch berlinerisch: kesser Rabe = frecher Junge),
Dohle für Freudenmädchen vor. Unter Spinne verstehn die
Hamburger Verbrecher „das Frauenzimmer, welches den Zuhälter
unterhält" (Roscher), unter Katze oder Biene die Wiener
Gauner jedes Frauenzimmer schlechthin. Aff bedeutet bei ihnen
einen „Inspektor," das Deminutiv Äffchen in Hamburg „den
Dummen, der gerupft werden soll," sonst auch den jungen, noch
unerfahrenen Handwerksburschen. Der Gebrauch des Ausdrucks
„Käfer" für den Württemberger enthält wohl ein Wortspiel.

---

[69]) Ein ironisch gefärbtes Gegenstück hierzu scheint die Bezeichnung des
Gendarmen als Strauß („Vogelstrauß") bei Schlemmer, 1840 (Kluge,
Rotw. I, S. 371) zu sein, da der Strauß, von dem schon die Bibel sagt,
daß „Gott ihm die Weisheit genommen und keinen Verstand zu erteilt
habe," zu „den dümmsten und geistlosesten Vögeln" gezählt zu werden
pflegt. (Brehms Tierleben, 3. Aufl., Leipzig u. Wien 1892, Abt.: „Vögel,"
Bd. 3, S. 694.) Jedoch könnte der Vergleich auch wegen der sehr scharfen
Sinnesorgane (Sehkraft, Gehör und Geruch) oder des schnellen Laufes
des Straußes vorgenommen sein.

das auf der doppelten Bedeutung von „Schwabe" — Württemberger und ein bekanntes Insekt (richtiger „Schabe") — beruht.[70]
Noch viel zahlreicher sind die mit Tiernamen gebildeten Zusammensetzungen, die teils wirklich in der Natur vorhandnen
Geschöpfen entsprechen — wie Holzwurm, der Schreiner, Rot-
kehlchen, der Soldat,[71] Taschenkrebs, der Taschendieb,
Wasserratte, der Schiffsdieb, Nachteule, „der bei Nacht herum-
ziehende Räuber" —, teilweise jedoch als bloße gaunerische Phan-
tasiegebilde (etwa nach der Art des „Paletotmarders" unsrer
gewöhnlichen Umgangssprache) erscheinen. Dahin gehören das
anscheinend halbjüdische Zehkemkatze,[72] der Verräter (vgl. unsre
„falsche Katze"), Nachtschwalbe, der Nachtdieb, Dreckschwalbe,
der Maurer oder Maler, Kuttengeier, der Geistliche, Schulfuchs,
der Schulmeister (vgl. dazu auch Kluge, Deutsche Studentensprache,
S. 51, 124), Federwurm, der Advokat, Anwalt (zu federn,
schreiben [s. oben S. 41], Teigaffe, der Bäcker (modern), Pechhengst, der Schuster (s. oben S. 55), Kleisterhengst, der Buch-
binder, Hobelhengst, der Tischler (Schütze), Scherbling-
hengst, der Glaser, Garnlinghengst, der Weber, Schmier-
linghengst, der Seifensieder, Staubhengst, der „Grießler"
(Karmayer), Kuttenklepper, der gemeine Dieb (Krünitz,
Enzyklop.) und das sonderbare halb jüdische, halb lateinische
Begerkaval, der Totengräber (bei Karmayer; zur Etymol. vgl.
oben S. 30 u. S. 33/34). Besonders reich ist endlich auch das

---

[70] A. M.: Stumme, a. a. O., S. 20, der Käfer-Märtine für
Schwaben, Schwabenland als Kaffer-Märtine (Bauernland) oder Ganfer-
Märtine (Diebsland; s. oben S. 7) ausgelegt wissen will. — Über das
Wortspiel Wallach (statt: Gallach) für Pfarrer s. oben S. 47.

[71] Über Grünspecht s. schon oben S. 66, über Blaumasl (kleine
Blaumeise) oben S. 64. In Berlin hieß früher der Schutzmann allgemein
„blaue Kalitte," d. h. Schmetterling (Weißling); H. Meyer, a. a. O.,
S. 59.

[72] Stumme, a. a. O., S. 21 vermag das öfter vorkommende Zeitwort zegemen, zehkemen usw. = schwatzen, gestehen, verraten, zu dem
die oben erwähnte Bildung gehört, nicht zu deuten, obwohl es „aussieht,
als ob es hebräischen Ursprungs sei."

Hasenvolk vertreten: mit Sandhase, Soldat (Infanterist), Dach=
hase, Dachdecker (modern), Kohlhase, Gärtner, Kornhase, ob=
dachloser Vagabund, der im Kornfeld übernachtet, Spinnhase,
Feigling (vgl. auch in den Krämersprachen: Melhas, Kind und
Volkhas, Mönch: Kluge, Rotw. I, S. 435 u. 448). Sogar
einzelne Zeitwörter für gewisse menschliche Tätigkeiten hat man
von den Tieren hergeleitet. Wie wir jemand etwas „mausen"
oder „abluchsen," uns „fuchsen" (ärgern) und „mopsen" (lang=
weilen) können, oder wie der Student aufs Examen zu „büffeln"
oder zu „ochsen" pflegt, so verstehn unsre Vagabunden (nach
ihrer Sprache) zu „eisbären," d. h. viel Geld zusammenzubetteln,
wenn aber die Polizei naht, „(einen) Hasen zu machen," d. h.
wegzulaufen oder zu „tigern," d. h. große Strecken schnell (gleich=
sam nach Art der Tigersprünge) zurückzulegen (vgl. auch Katerei,
Raschheit, Schnelligkeit; ferner katzeln, lügen [wohl nach der
„Falschheit" der Katze], vogeln, pfeifen, quienen, hetzen [wohl
zu Quien, Hund], roßfutzen, umwühlen [diese sämtlich bei
Karmayer], nachschimmeln, verfolgen [wohl vom Schimmel
als Pferd, bei Pollak] u. a. m.).

Aber nicht bloß auf Menschen und ihr Tun und Treiben
beschränken sich solche Vergleiche aus dem Tierreiche; man hat
weiter zuweilen auch die Namen einzelner Tiere auf andre,
selbst solche einer ganz verschiednen Gattung, übertragen, ein
Vorgang, den auch unsre gewöhnliche Sprache kennt, deren so
gebildete Bezeichnungen teils (wie z. B. Grasmücke, Fischotter,
Meerschweinchen, Seehund) sogar wissenschaftlich anerkannt, teils
dagegen nur im Volksmunde gebräuchlich sind (wie etwa Dach=
hase für die Katze, Buttervogel oder =fliege für den Schmetter=
ling, Grauschimmel für den Esel, im engl. Slang: Jerusalem pony).
Die Gauner haben dies noch weiter ausgebildet; sie kennen z. B.
nicht nur ebenfalls den Dachhasen (oder Bähnhasen) als Be=
zeichnung für die Katze, sondern noch eine große Menge ähnlicher
Tierverwechslungen, wie Flosserlatz, Fischotter, Hornbock, Kuh,
Waldhahnl, Schwan, Bachhendl (d. h. Backhähndl), das (Ein=
spänner=) Pferd (modern, in Wien), Spitzvogel oder Süßling=

vogel, Biene, Schmunkvogel (d. h. Fettvogel), Schwein, Hai=
fisch oder Schneiderkarpfen, Hering (als Gericht), Padde
(niederd. für Kröte), Gans, Sackratten, Filzläuse, Bienen (auch
Trichinen, Bismarckkäfer, Reichskäfer u. a. m.) für Ungeziefer über=
haupt, besonders aber Läuse (nach Schütze) usw. Daß endlich
im Rotwelsch auch leblose Gegenstände den Tieren mit Vorliebe
gleichgestellt worden sind, beweisen Ausdrücke wie Igel für Koffer
(wegen des rauhen Fellüberzugs in ältern Zeiten), Hund (oder
Kien, d. i. wohl = Quien) für Vorhängeschloß, das gleichsam
wie der Haushund vor dem Tore Wache hält (vgl. das franz.
chien d'un fusil, span. gatillo, Katze, deutsch Hahn [engl. cock] am
Flintenschlosse), Schlange für Kette jeder Art, Krebs für Schere,
besonders Lichtschere, Spinne für Gitter, Raupe oder Katze für
Ranzen, Bär für Laib Brot (in Wien jetzt für „feuerfeste Kassa"),
Made für Korn, Dohle für (steifen) Hut, Padde für Geld=
beutel, Kröte (oder genauer „Begerkröte" [vgl. oben S. 69]) für
Sarg, Frosch für Daube am Wassereimer, Unke (modern) für
Branntweinflasche. Besonders anmutig klingt das humoristische
„Klucke mit den Küken" (Henne mit den Hühnchen), die der
Dieb gleichsam mit sich laufen läßt, wenn er sich ein ganzes Eß=
besteck, den Suppenlöffel samt den kleinern Eßlöffeln widerrechtlich
aneignet. Dazu treten auch hier zahlreiche Zusammensetzungen,
wie (von schon in unsrer Sprache vorhandnen) z. B. Regen=
wurm, Wurst, Feldhühner, Kartoffeln, Bachstelzen, Bohnen,
Linsen, Fledermaus, Brief (Feldtaube, Kundschafterzettel bei
Moscherosch, 1640; vgl. noch Filzlaus in der Kundensprache
für das Zwanzigpfennigstück), oder (von neugeschaffnen) Bach=
katze, der Stein, Schneidhammel, die Schere (vielleicht mit
Anspielung auf den Hammel als verschnittnes Tier), Baum=
krebs, die Birne, Sauerhase (oder ndd. Surhase), die Zwiebel,
Säuerlinglerche, die Brombeere (vgl. „Schmalzlerche" in Berlin
= Pfannkuchen), Rethsperling, der Safran, Fetzenhahn,
der Zunder, Grünlingsbock, der Klee, Rauschetbock, gedörrter
Klee, Hornbockerl, „das krumme Kipfel" (bei Karmayer; vgl.
auch Windbock, Mühle in der Kundensprache), Funkenfisch,

die Lunte, Füllwurm, der Trichter, Hitzwurm, der Tragbalken in einem Zimmer (Hitze) usw. [73]

Nach diesen Beispielen, die sich leicht noch vermehren ließen, [74]

[73] Das Wort Wetterhahn, das ja auch in unsrer Gemeinsprache — besonders für eine Windfahne, dann auch wohl für „einen unverläß-lichen Menschen" gebraucht wird, wobei das ursprüngliche Bild schon „nahezu ganz ausgelöscht" ist (Nyrop=Vogt, Leben der Wörter, S. 120), hat im Rotwelsch noch einmal seine Bedeutung gewechselt, indem es hier schon frühzeitig (z. B. im Lib. Vag.) für Hut vorkommt, wobei „das Dritte des Vergleichs darin liegt, daß Hut und Wetterhahn oben auf Scheitel und Gebäude stecken" (Pott, Zig. II, S. 10, 11). In neuerer Zeit bedeutet es bei den Gaunern aber auch das Freudenmädchen (s. z. B. Groß, Handb., S. 398), was schon Pott (a. a. O., S. 10) aus deren „wetterwendischer Zuneigung" zu erklären versucht hat.

[74] So finden sich zuweilen Tiernamen selbst für abstrakte Begriffe verwendet, wie Affe für Rausch (wie in der Studentensprache), Löwe für Jähzorn, Brummbär für Friede (vgl. oben S. 21, Anm. 14). Knöspel-wurm für Untugend und Windelwurm für Wetteifer (bei Karmayer, der noch mehrere solcher sonderbaren Gebilde kennt). Sehr zahlreich sind ferner aus zwei Wörtern gebildete Zusammensetzungen, deren erster Bestandteil einen Tiernamen enthält, der grammatisch aber zu dem zweiten in sehr verschiedner Beziehung (z. B. als Genit. obj. oder subj.) stehen kann. Man vgl. u. a. die Ausdrücke Lausmarkt, Kopf, Lauseharke, Kamm, Laushütte, Gefangenhaus, Lausbiß, Widerspenstigkeit. Einen besondern Platz nimmt hierunter wieder ein der Gebrauch einzelner Körperteile bestimmter Tiere zur Bezeichnung: a) von Personen, b) von (andern) Tieren (gleichsam als partes pro toto) und c) für Sachen. Beispiele für a) Katzenkopf, der Schlosser (vgl. den „Schafskopf" oder den „Hasenfuß" unsrer Umgangssprache); für b) Schmalfußliebers wörtl. ebenfalls: Katzenkopf, die Eule (Karmayer); für c) Flöhaugen, Hirse, Katzohr, Manchester, Hasenohr, Sammet, Schwalbenschnabel, Maurerhammer; vgl. etwa auch noch Affenfett, Schmalz (Schütze). Über Ochsenkopf s. oben S. 20. Endlich muß noch erwähnt werden, daß die rotwelschen Glossare hin und wieder Ausdrücke für die verschiedensten Dinge und Begriffe enthalten, die der etymologisch ungeschulte Leser gar leicht für deutsche Tiernamen halten kann, während es sich in Wirklichkeit nur um allerlei (zum Teil nach Art der Volksetymologie vorgenommne) Verunstaltungen aus Fremdwörtern oder sogar aus Wörtern deutschen Ur-sprungs handelt. Zur Verdeutlichung seien hier folgende Beispiele genannt: a) Bezeichnungen von Personen α) aus fremden Sprachen: Kappmaus (— mauß), der Verräter, pleonastische Bildung aus kappen, ergreifen.

wird es kaum wundernehmen, daß man endlich auch umgekehrt die Tiere — die ja auch in unsrer Volkspoesie ganz wie mit menschlichem Leben beseelt erscheinen — personifiziert, also z. B. mit Eigenschaften und Tätigkeiten, ja teilweise geradezu mit gewissen Ständen oder Berufsarten der Menschen verglichen hat (wie dies zuweilen auch in unsrer Gemeinsprache geschehen ist; vgl.: Dompfaffe, Mönch, Ackermännchen als Vogelnamen). Im Rotwelsch heißt deshalb z. B. die Ente Teichgräber (niederd. Bäkentrecker, Bachzieher, Kanalbauer, das Schwein Wurzel= graber, der Fisch Flosserfahrer,[75]) das Ungeziefer die stillen

---

verraten (wohl zu dem lat. capere) und dem hebr. mâsar, verraten (vgl. Avé=Lallemant, IV, S. 103); β) aus dem Deutschen: Fichtegeier, Nachtdieb, Medinegeier, Mokumgeier, Land=, Stadthausierer, in denen „Geier" dialektisch für Geher, Gänger (vgl. ndd.: hei geiht) steht (vgl. Avé=Lallemant, IV, S. 544; anders dagegen wohl bei dem schon oben S. 69 erwähnten „Kuttengeier"); b) Bezeichnung von (andern) Tieren α) aus fremden Sprachen: Dannegaul, Hahn, Verunstaltung aus dem Hebr., Erklärung schon oben S. 29; β) aus dem Deutschen: Stier (Stierchen, Stärchen), Huhn, aus: Stüricke, Stiricke, zu dial. stüren, sturen, stören = durchsuchen, scharren, „aufstören" (vgl. Avé=Lallemant, IV, S. 617; Wagner in Herrigs Archiv, Bd. 33, S. 241); Hornigel, Ochse (für Hornnickel), Strohpudel, Gans (für Strohputzer, vgl. Anm. 75), Wachtel, Hund (zu wachen, Wächter); c) Bezeichnungen von Sachen und abstrakten Begriffen α) aus fremden Sprachen: Taube, Glück („Tauben haben," Glück haben) aus dem hebr. tôb, rotw. tof (dof, duft), gut, schön, tüchtig, unter Verwertung der Bedeutung der Tauben als Glücks= vögel, besonders bei den Juden (vgl. Kluge, Rotw. I, S. 388, Avé= Lallemant, IV, S. 266/67, 615/16), Bock, Hunger und Ratte, Nacht aus dem Zigeun. (vgl. schon oben S. 31), Gemsel, Hemd (nicht etwa Demin. zu Gemse, sondern aus dem französ. camisole, s. oben S. 37); β) aus dem Deutschen: Sper(r)ling, Knebel (s. oben S. 60), Sti(e)glitz, Steigleiter (neben Steigling, zu steigen).

[75]) Ausdrücke wie etwa Strohbohrer oder Strohputzer für Gans, Dreckpatscher oder Schundkratzer für Ente, Mistkratzer(!) für Huhn, Hahn vermitteln hierbei den Übergang zu allerlei Bezeichnungen für Tiere nach solchen Haupttätigkeiten derselben, die von Menschen überhaupt nicht wohl ausgeführt werden können, wie Beller, Hund, Schnurrer, Katze, Grunzer, Schwein, Quaker, Frosch, Schnatter, Ente, Kraller, Marder, Erdschlupfer, Maus, Kleebeißer, Schaf usw.

Marschierer, der Floh Schwarzreiter oder schwarzer Dragoner, der Spatz Bauerndiebsletterl, das Spanferkel Jude (bei W. Scherffer, 1652),[76] die Kröte Hexe (bei Karmayer), der Hering Seekadett oder Seesoldat (auch im engl. Slang soldier). Der Krebs wird wegen seiner „Scheren" zum Schneider, ebenso aber vereinzelt auch wohl die Ziege (vgl. Kluge, Rotw. I, S. 490), während der Bock als Korporal erscheint, was andrerseits auch wieder für den Hahn vorkommt. Zum Teil liegt dabei ein auch sonst im Rotwelsch zu beobachtender Vorgang zugrunde, den man wohl als „umgekehrte Ähnlichkeit" bezeichnet hat, d. h. man verglich z. B. zuerst den meist hagern aber bärtigen Schneider mit dem Ziegenbocke (vgl. „Schneiderbock" auch im Volksmunde) oder den Korporal mit dem Hahne, weil jener auf dem Kasernenhof ebenso selbstbewußt und gravitätisch umherzustolzieren pflegt wie dieser auf seinem Hühnerhofe,[77] dann aber hat man die menschlichen Berufe wieder auf die Tiere zurückübertragen.[78]

* * *

Auch bei der Personifikation der Tiere ist man nicht stehen geblieben. Während einerseits zuweilen Tiere und (noch) häufiger)

---

[76] Vielleicht kann man hierbei an eine „Enantiosemie" nach Art des oben S. 23 erwähnten span. Turco für Wein denken, weil ja den Juden Schweinefleisch zu essen verboten ist, zumal auch Groß, Handb., S. 370 „Jud" für Speck aufführt. In schwäbischen Händlersprachen kommt dagegen „Jud" für Hase vor (Kluge, Rotw. 1, S. 481).

[77] Vgl. über die „wechselseitige Beziehung zwischen Hahn und Korporal" Näheres noch bei Avé-Lallemant, IV, S. 133, Anm. 4. Bei den sizilianischen Mafiosen heißt der Gendarm mit seiner stolzen Uniform 'addu cä 'a pinna, d. i. Hahn mit der Feder (Cutrera).

[78] Als Synonyme (nach Art von „Korporal") für den Hahn seien noch erwähnt: „Rotmeister," d. h. wahrscheinlich Meister der Rotte (des Hühnervolks), und das halbjüd. „Stierches Melach," d. h. Hühnerkönig, von Stierche, Huhn (s. oben Anm. 74) und hebr. mälek, König; vgl. auch in der span. Germania: rey, König, obispo, Bischof oder capiscol (caput scholae). — In einer slawischen Vagabundensprache findet sich kapucinar (Kapuziner) für Bock, wobei „der Bart des Kapuziners das tertium comparationis abgegeben hat." Jagić, a. a. O., S. 84.

Perſonen ihrer Bezeichnung nach leblojen Gegenſtänden gleich=
geſtellt erſcheinen, [79]) hat man andrerſeits unbeſeelte Gegenſtände,
namentlich Werkzeuge, mit Ausdrücken bezeichnet, die den Anſchein
erwecken, als ob ſie ſelbſt — und nicht der ſie handhabende
Menſch — eine Tätigkeit ausübten. [80]) Wie wir auch wohl in
unſrer Gemeinſprache gewiſſe Geräte auf dieſe Weiſe bezeichnen,
also etwa von einem „Bohrer," „Nußknacker," „Operngucker"
oder „Feldſtecher," ja ſogar von einem „ſtummen Diener" ſprechen
oder eine beſtimmte Waffe einen „Totſchläger" nennen, ſo ganz
ähnlich die Gauner. Bei ihnen bedeutet z. B. Nußknacker eine

---

[79]) Beiſpiele: Wollſack, Schaf, Wunnenberg, hübſche Jung=
frau (wohl mit Anspielung auf den Venusberg), Schöneck, Braut (Bräu=
tigam), Gründing, Jäger, Wüllenbündel, Kapuziner, Lappen, Leine=
weber, Fettläppchen, Tuchmacher, Bindfaden, Gerichtsdiener, Laterne
oder Lampe, Polizist, Polizei, Blitzableiter, Gendarm; für Gendarm
außerdem noch zahlreiche partes pro toto, wie z. B.: weißes oder ſchwarzes
Lederzeug, Blaukragen, Pickelhaube. Den Übergang zu den völlig
abſtrakten Begriffsnamen für Perſonen (wie Fürwitz, Bader; vgl. oben
Anm. 9) bilden Ausdrücke wie Mondſchein für den Wachmann (Pollak,
S. 223), Hammerſchlag für Schmied, Zahlblick für Uhrmacher, Schlit=
tenfahrt für Plaudertaſche.

[80]) Nur Unterarten zu dieſen beiden entgegengeſetzten Erſcheinungen
bilden a) die Vergleichung einzelner menſchlicher Körperteile mit
Sachen, die auch in andern Gaunerſprachen ſehr beliebt iſt (vgl. Stumme,
a. a. O., S. 17), und umgekehrt b) die Vergleichung von dieſen mit jenen.
Beiſpiele für a): Speiſſang, Magen, Brotlade, Mund (ſ. oben
S. 58) ſowie die ſämtlich in der neuern Wiener Gaunerſprache vorkom=
menden humoriſtiſchen Ausdrücke: Blasbalg, Bruſt (vgl. bellows, Lunge
im engl. Slang), Bauplatz, Glatze, braune Kammer (oder auch ſchlecht=
weg „Kiſte"), Hinterteil, Meierei, Buſen, Sängerhalle, Hals, Kehle,
Sparkaſſe, Buckel (dafür ſonſt auch: Aſt; vgl. Groß, S. 357 u. oben
S. 17, Anm. 9); Beiſpiele für b): Darm, Därme, Band, Bänder,
Gelbaugen, Hirſe, Spitznaſe, Gerſte, Krummnaſe, Sichel, Lang=
hals, =hälſe, Bohne(n), Schwarzarſch oder Hohlarſch, Schornſtein,
Ofen, Krindkopf (= Grindkopf), kleiner Kramladen, Krummkopf, großes
Brecheiſen (vgl. dazu Avé=Lallemant, IV, S. 563), Oberkopf, Mütze
der Frauen, Ohrwaſchel, Gaunerbande, Polizeifinger, gelbe Rüben
(vgl. oben S. 15), Betzerthirn, Eidotter, Dobrizunge, Tabakblatt,
Dobrihirnſchal(l)e, Tabakdoſendeckel (bei Karmayer).

Ölmühle, Fenetergucker die Fensterscheibe (Gucker, Augen=
glas, Brille), Totmacher das Beil, Palmermörder (d. h.
Soldatenmörder, vgl. oben Anm. 62 betr. ba'al milchâmâ) die
Kanone (Karmayer), Schnürler den Galgen (zu schnür[l]en,
henken), Feldschaberer (oder halblat.: Terrischerer) den Pflug,
Dornkratzer den Rechen, Graber oder Gruber die Schaufel,
Roller u. a. den (Schub=) Karren, Landläufer den Wagen,
Glitscher den Schlitten (vgl. Rutscher für Wagen oder Eisenbahn
in einer hohenzoll. Krämersprache [Kluge, Rotw. I, S. 436] und
Bachrutscher, Stein schon im ältern Rotwelsch). Disputierer
(wie bei den Wiener Verbrechern jetzt der „Auslagendieb" heißt)
ist in der ältern Gaunersprache ein Kunstausdruck für die lange
Stange zum Stehlen durch Fenster und Gitter oder auch zur
Vermittlung unerlaubten Verkehrs in den Gefängnissen, Jab=
schacherer oder Jabschocher (wohl vom hebr. jâd, Hand und
sâchar, hausieren) oder Schwarzmoser. d. h. eigentlich der
schwarze Verräter (vom hebr. môsêr, Partiz. von mâsar), sind solche
termini technici für das Brecheisen zum Öffnen von Verschlüssen.[81]
Um vollends jeden Zweifel an der Gleichstellung gewisser Dinge
wie den Menschen auszuschließen, hat man namentlich[82]) gern zu

---

[81]) Nach diesen Beispielen kann es kaum noch auffallen, daß man
auch einzelne Körperteile der Menschen gleichsam als selbsttätige Wesen auf=
gefaßt hat, wie z. B. die Ausdrücke Lecker (oder Laller) für die Zunge,
Horcher für das Ohr, Linzer (zu rotw. linzen, sehen, schauen) für das
Auge, Riecher (Musser, Schmecker oder auch wohl Schnupfer) für die
Nase, Steiger für den Fuß beweisen. In derselben Weise sind endlich
selbst Bestandteile des Weltalls behandelt worden, wofür Glanzer (d. h.
Glänzer) für Stern als Beispiel genannt sei.

[82]) Seltner kommt die Übertragung von andern, für menschliche
Berufe gebräuchlichen Ausdrücken auf Sachen vor, bei denen wir nicht so
unmittelbar gleich an die Berufstätigkeit erinnert werden, wie u. a.:
Köhler, schwarzes Zeug (s. oben S. 65), Müller, Reichstaler (neben
Mühlstein), Dragoner, Tee; desgleichen einzelne Bezeichnungen von
Ständen, wie z. B.: Jauner, Karte (bei Pfister, 1812, vielleicht bloß
statt: Jaune), Junker, Klee (ebd.), Kaiserin, Semmel (bei Schütze),
oder endlich von gewissen Wörtern zur Kennzeichnung von menschlichen Ge
schlechts-, Alters-, Familienverhältnissen usw., wie: Bube, Bua,

Verbindungen mit dem Worte „Mann“ („Männchen,“ „Mandl“) [83]) gegriffen, die sich übrigens im Rotwelsch — wie bekanntlich im Deutschen überhaupt — auch sonst noch (zur Bezeichnung von lebenden Wesen, Tieren wie Menschen) großer Beliebtheit erfreuen. [84]) Nach dem Vorbilde von Berufs= und Ständebezeichnungen, wie Zwickmann, der Henker (wohl nach dem Zwicken mit glühenden Zangen; vgl. auch Zwicker(t), Hammer und Scharf=richter, „Meister Hämmerlein“), Bundermann, Wundarzt (wohl zu binden, verbinden), Schmiermann (oder Schimmermann), Nachtwächter (zu Schmiere, Wache), Feuermann, Staatsanwalt (modern, in Wien), Plattmann, Landmann (wohl vom „platten Lande“), Landsmann, Jude auf dem Lande (Groß), von Gaunerbenennungen, wie Paßmann, „einer, so den Dieben ab=käuft“ (A. Hempel, 1687; zu passen, paschen, kaufen, später

---

Dietrich (vgl. oben S. 52), Zwilling, Auge usw. (s. oben S. 60), Jüngling, Schornstein (s. oben Anm. 60), Kalle, d. h. Braut, Mädchen (Etym. noch unten S. 93), für Messe, „als Geliebte des Gauners, die ihm Genuß darbietet“ (Avé=Lallemant, IV, S. 553). — Über „Fähnrich“ für Käse s. oben S. 61, Anm. 62; über „Donnerschütz“ für Krieg und ähnliche Veranschaulichungen ganz abstrakter Begriffe s. schon oben S. 16. — Eine Art Personifikation von Sachen liegt auch in der Ver=wendung von geographischen Bezeichnungen, besonders solcher nach dem Lande oder Orte eines Erzeugnisses (wie Türke für Mais, Bielefelder für Wäsche, besonders [leinenen] Kragen und Vorhemd), worauf der Ver=fasser an andrer Stelle noch ausführlicher einzugehen gedenkt; vgl. unten Anm. 100.

[83]) „Männer“ (als Plur. zu Mann) bedeutet (nach Lindenberg, S. 109, 187) bei den Berliner Gaunern Taler. Groß, Hdb., S. 366, 368 verzeichnet: „halber Mann,“ Fünfzigguldennote, „ganzer Mann,“ Hundertguldennote; Pollak (S. 222, 227): „Mann“ oder „kleiner Mann,“ Hundertguldennote, „halber Mann,“ Fünfzigguldennote, Riesen=mann“, Tausendguldennote.

[84]) Zu vgl. etwa Avé=Lallemant, IV, S. 287. Das Gebiet der mit Mann im Rotwelsch gebildeten Berufsbezeichnungen erweitert sich natürlich noch ungeheuer, wenn man auch die zahlreichen Zusammensetzungen mit den mit „Mann“ im ganzen gleichbedeutenden Wörtern deutschen oder fremden Ursprungs (wie Fie[ß]el [österr.], Kaffer [aus dem Hebr., s. unten S. 94], Isch [aus dem hebr. îsch] u. a. m.) mit heranzieht.

auch schmuggeln, vgl. unten Anm. 112) und Flohmann, „Karten=
werfer" (modern, in Hamburg), von Umschreibungen sonstiger
menschlicher Zustände und Verhältnisse, wie Baumelmann oder
Bammelmann, der Gehängte[85]) (vgl. auch Gaßman[n], das
Kind statt Gaßam bei W. Scherffer, 1652, s. Grimm, D. WB.,
IV, 1, Sp. 1518) sowie von Tiernamen, wie Trappelmann, Pferd,
Bledermann, Schaf, Bartmann, Bock (in der span. Germania:
barbado) u. a. m., sind schließlich auch zahlreiche Personifikationen
von Sachen, ja sogar von abstrakten Begriffen geschaffen worden.
Schon der Liber Vagatorum verzeichnet deren zwei: das frivole
„Butzeilman" (d. h. Butzemann, Possen= oder Spaßmacher) für
„Zagel" (penis) und das jüdisch=deutsche „Dölman" für „Galg,"
Galgen (später auch wohl Thalmann, vom jüd. tôlô, hebr. tālā[h],
henken; vgl. Dallinger, Henker, oben S. 62). In den spä=
tern Sammlungen begegnen öfter namentlich: Obermann, der
Hut, die Mütze, dann auch wohl der Boden, Speicher (dagegen:
Übermann, Überzieher in der neuern Berliner Gaunersprache),
Erdmann (oder Erdmännchen), der (irdene) Topf, Feldmann,
der Pflug (Feldmännchen oder Feldmandl, die Egge),
Ellenmänner, die Schuhe[86]); weiter auch Krachmann oder
Krackelmann, die Nuß, Dickmann, das Ei, Pettemann, das
Essen auf dem Tische (bei A. Hempel, 1687, abzuleiten wohl
von putten, butten usw., essen; vgl. oben S. 52), Legman(n),
Brot (halbhebr. aus lechem, als „Lechman" noch heute er=
halten in der Sprache der Winterfelder Hausierer; Kluge, Rotw.
I, S. 441), Hitzlingmandl oder Finkenmandl (zu Funke),

<hr>

[85]) Daher „n' Bammelmann machen" für sich erhängen noch
heute in Berlin allgemein bekannt; s. H. Meyer, a. a. O., S. 13. Eben=
falls in weitere Kreise eingedrungen ist schon die Bedeutung des „wilden
Mann machen" (s. Schütze, S. 99). — Über direkt von Familiennamen
auf =mann hergeleitete rotwelsche Wörter (wie „Fleischmann") und Redens=
arten (wie „einen Unzelmann machen") s. noch unten S. 87/88; über
das Zeitwort: „bormännen" s. schon oben S. 41.

[86]) Zur Erklärung dieses stets nur im Plural vorkommenden Wortes
s. Pott, Zig. II, S. 31 nbd. mit Avé=Lallemant, IV, S. 160 und 576
unter „Raal."

Ofen, Hölzermandl, Kegel; die poetisch anmutenden Bildungen Grünlingsmandl, die Sense, Sichel, Weißmandl, der Reif, Sensenmann, der Tod, Grünmann oder Duftimann, der Frühling[87]) (womit zu vgl. einerseits im ital. Gergo: il verde, April, l'odoroso, Mai, andrerseits im ältern engl. Cant: lightmans, Tag, darkmans, Nacht), endlich das von derbem Humor geschaffene „Frechmann" für das gerichtliche Verhör, in dem ein echter Gauner ja meist frech zu leugnen pflegt.[88])

Nochmals um einen Grad menschlich näher zurück, so zu sagen, erscheinen uns endlich die Ausdrücke für unbeseelte Wesen oder gar abstrakte Begriffe, die mit einzelnen bestimmten Personennamen in Verbindung gebracht sind. Auch sie sind im Rotwelsch ziemlich häufig anzutreffen, wie es denn überhaupt Begriffsumschreibungen durch Eigennamen gern verwendet. Zwar ist diese interessante Erscheinung, die dem allgemeinen Triebe des Volksgeistes entspricht, sich möglichst an das Anschauliche zu halten, keineswegs bloß auf unsre Gaunersprache beschränkt geblieben, vielmehr sowohl im gewöhnlichen Deutsch als auch bei andern Nationen anzutreffen,[89]) sie hat aber bei unsern Gaunern ohne

---

[87]) Ein Seitenstück dazu ist noch „Piberisch Mandl" für den Herbst bei Karmayer, worüber Näheres noch unten Anm. 118. — In Wien heißt im Gaunermunde das Rathaus „eiserner Mann," nach dem auf dem Rathausturm als Wahrzeichen der Stadt aufgestellten eisernen Ritter (Pollak, S. 210 u. Anm. 3).

[88]) Verbindungen mit Mann zur Bezeichnung von Sachen usw. sind auch bei den dänischen Gaunern sowie in einer slowenischen Vagabundensprache anzutreffen. Näheres bei Pott, Zig. II, S. 31 und Jagić, a. a. O., S. 27, 28. — Eine Eigentümlichkeit der Karmayerschen Sammlung ist die Verwendung von Zusammensetzungen mit Patras (=es), d. h. Vater (vgl. oben S. 34), für Gegenstände (wie z. B. Funkenpatras, Ofen, Mundsprungpatras, Kelch) oder gar für abstrakte Begriffe (wie Vertümelpatras, Verschwörung).

[89]) S. darüber namentlich: Gustav Krüger, Eigennamen als Gattungsnamen. Progr., Berlin 1891, besonders S. 17 ff.; zu vgl. auch O. Behaghel in der Zeitschr. des Allg. Deutschen Sprachvereins, XVIII (1903), Sp. 75, 76; speziell über den Gebrauch des Namens Hans als Gattungsbegriff s. auch die Literaturzusammenstellung in meinen „Deutschen Rechtsaltertümern in unsrer heutigen deutschen Sprache," S. 136, Anm. 27.

Zweifel eine ganz besonders starke Ausprägung erhalten, sodaß es sich schon verlohnt, etwas länger bei ihr zu verweilen. Aus=zuscheiden sind dabei übrigens von vornherein einzelne Fälle, wo es sich nicht um wirkliche, sondern nur um scheinbare, nach Art der Volksetymologie aus Fremdwörtern zurecht gemachte Eigen=namen (zur Bezeichnung von Personen, Tieren, Sachen oder Be=griffen) handelt. Hierher gehören zum Beispiel Kaspar oder Kasper für Betrüger, Lügner (oder auch Betrug), meist in Zu=sammensetzungen gebraucht, wie Kaspar Fehlinger, „falscher Arzneikrämer," Fenkel Caspar, „Betrug mit Hexerei" (Kluge, Rotw. I, S. 270, 300), vom rotwelschen Zeitworte kaspern, das wohl auf hebr. kâzab, belügen zurückgeht.[00]) Suse für Mähre, Stute, das ebenfalls als Andeutschung eines hebräischen Wortes (vgl. oben S. 29) erscheint, Hannickel für Ochse, das wie die bekannte (süddeutsche) Verkürzung von Hans Nikolaus aussieht, aber nur eine Verunstaltung des rotwelschen „Hornnickel" ist. Schaber=Barthel für Brecheisen (vom hebr. schâbar, brechen und barzel, Eisen; vgl. das halbdeutsche Feldbartle, Pflugsegge), (alter) Fritze oder roter Fritze für die Schminke (wohl von Fritte, italien. fritta, zu friggere, lat. frigere, rösten, dörren, in der Kunstsprache der Glasbläser: Vermischung der zum Glase nötigen Materialien und Färbestoffe) u. a. m. Besonders

---

[00]) Dafür Stumme, a. a. O., S. 20, dessen Ansicht übrigens nicht von allen Semitisten geteilt wird. — Wirklich auf den Eigennamen Kaspar geht dagegen zurück das bei Castelli, 1847 erwähnte „Kascharl" für „eine Münze, welche 34 Kreuzer galt," die man im Leopoldstädter Kasperl theater als Eintrittsgeld für das Parterre bezahlte (Kluge, Rotw. I, S. 391). Möglich ist es, daß von den beiden — in unsern Witzblättern her kömmlich gewordnen Gaunernamen „Lude und Ede" (wie im Englischen „Tom and Jerry"), die man meist schlechthin als Abkürzungen von Ludwig und Eduard aufzufassen pflegt, „Ede" ursprünglich nicht als Eigenname gedacht, sondern so viel wie das französische aide, Gehilfe gewesen ist (vgl. Söhns, Die Parias unsrer Sprache, S. 37), eine Ansicht, die Unter= stützung findet durch das Vorkommen des Wortes „Ede" für „Freund, Ge= nosse" in neuern Gaunerglossaren (wie z. B. bei Groß, S. 364). Ob dagegen auch „Lude" als moderne gaunerische Bezeichnung für Brech= eisen hiermit verquickt werden darf, bleibe dahingestellt.

sei endlich noch des Wortes Johann gedacht, das in den Wörter=
sammlungen der Gaunersprache überaus häufig, und zwar in allen
möglichen Variationen, von der vollen Form „Johannes" über
„Joachim" hinweg zum niederdeutschen „Jochen" (oder „Jochem")
als Bezeichnung für den Wein vorkommt, jedoch nur eine Um=
deutschung aus dem hebräischen jajin (in jüd., auf die sog. Pausal=
form des Wortes zurückgehender Aussprache jojin) ist (vgl. auch
„Fünkeljohann," „Finkeljochen" u. a. m. für Branntwein,
von fünkeln, finkeln [zu Funke], sieden, kochen).

Wenden wir uns von diesen, den etymologisch nicht geschulten
Betrachter nur zu leicht irreleitenden Wortspielen zu den wirk=
lichen Eigennamen, so finden wir auch sie auf die mannigfachste
Weise zur Bildung neuer Gaunerwörter verwertet. An die Spitze
möchte ich die Verallgemeinerung einzelner Vornamen zur Kenn=
zeichnung ganzer Personengruppen stellen, nach der Art etwa, wie
unsre Offiziere von „feinen Emils" sprechen, oder wie wir wohl
allgemein „Jean" für den Kellner, „Louis" für den Zuhälter
gebrauchen.[91]) Dieser letzte Name entstammt der Gaunersprache,
die dafür zuweilen auch mit Alphons wechselt, während Laura
für das Freudenmädchen,[92]) Trine (in neuerer Zeit) schlechthin
für Mädchen, Hanne(s), Hans oder Damian (wegen des An=
klangs an dämlich, in der Kundensprache) wohl für einen einfäl=
tigen Tölpel, Fabian (wegen des Anklangs an Fabel, nach Avé=
Lallemant [IV, S. 538]) u. a. für einen Aufschneider, Renom=
misten vorkommt; ja schon der Liber Vagatorum hat den doch schon
damals als Eigennamen gebrauchten Ausdruck Christian für
Jakobsbruder, d. h. den Pilger zu dem heiligen Jakob von Campo=

---

[91]) Während übrigens bei diesen Fällen noch das Bewußtsein vor=
herrscht, daß es sich um zu Begriffen erweiterte Eigennamen handelt, ist
dieses zuweilen in unsrer Sprache auch vollständig erloschen, so z. B. bei
(dem schon oben S. 13 erwähnten) „Stoffel" oder „Toffel" und in
noch stärkerm Maße bei Rüpel (aus Ruprecht) und Metze für Dirne (aus
Mathilde, Mechthilde). Vgl. G. Krüger, a. a. O., S. 18.

[92]) Ob und inwieweit zu diesem (z. B. bei Groß, Hdb., S. 375)
erwähnten Namen der Ausdruck laure für Bordell im franz. Gaunerargot
in Zusammenhang gebracht werden darf, sei hier dahingestellt.

stella verzeichnet.[93]) Beliebter sind aber auch auf diesem Gebiete die zusammengesetzten Formen. Wie wir in der gewöhnlichen Umgangssprache öfter gewisse Eigenschaften unsrer Mitmenschen oder auch einzelne Berufe durch Anhängung bestimmter Personennamen charakterisieren und danach zum Beispiel einen dummen Peter, Tröbel= oder Nölpeter (vgl. auch den „Struwelpeter"), eine einfältige Trine oder Suse, eine Heullise, einen Prahlhans, Faselhans oder Prozeßhansl, einen Schmutzbarthel, einen Zornnickel (südd. Verkleinerung von Nikolaus) oder Giftmichel (oberhess.), dann auch einen Zigarrenfritzen, Kahnfriedel (norbb.) oder eine Harfenjule (berlin.) kennen, oder wie der Jargon der Schauspieler die Souffleuse als Flüsterlotte bezeichnet, so weist auch das Rotwelsch ähnliches auf. Hier begegnen wir u. a. einem „Achelpeter," d. h. dem alten, sozusagen arbeitsunfähig gewordnen Gauner, der nichts weiter mehr als „acheln," essen, kann und daher auch wohl „Totesser" genannt wird, während der beginnende, noch ungeschickte Vagabund „Linkmichel," der Verräter eines Genossen (Schwätzer) aber „Zehkemhaus" (oder „Zickemhaus" neben „Zehkemkatze," s. oben S. 69) oder auch „Kapphaus" (vom rotw. Zeitw. kappen, vgl. oben S. 72, Anm. 74) heißt. „Blechseppel" (Deminutivform von Joseph) findet sich in einigen neuern Wörtersammlungen für dummer Gimpel, „Schibersmichel" bei Karmayer für den Deserteur (zu schi[e]be[r]s, davon, weg; vgl. [auch anderswo]: schi[e]bes machen, ausreißen,

---

[93]) Hierher gehört wahrscheinlich auch noch Thomasl für Bedienter (bei Karmayer) und Wastl (aus Sebastian?) für Justizsoldat (bei Pollak) sowie jedenfalls Schanl (= Demin. zu Jean) für den Polizeiwachmann (ebd. S. 228 u. Anm. 6 mit Hinweis auf Bobby = Robert für Polizist im engl. Slang). Leicht erklärt sich die Erweiterung von Franzel, Demin. zu Franz — dem Namen mehrerer österreichischer Kaiser — zu dem Begriffe „Kaiser" schlechthin bei den Wiener Gaunern (Pollak, S. 212), wozu als Seitenstücke angeführt sein mögen „Petern sein Tiergarten" für Oldenburg in der Kundensprache (nach dem frühern, lange regierenden Großherzog Peter) und Willemsidel für Berlin (zweifelsohne nach Kaiser Wilhelm I. und II.) in dem „Bargunsch" oder „Humpisch" der nordwestfälischen Kaufleute (Kluge, Rotw. I, S. 427, 445).

davonlaufen).⁹⁴) Die Berufsarten sind u. a. vertreten mit Rospelpeter, der Besenbinder, Postjokel, der Postknecht, Hans Hache (nach Art des „Hans Wurst"), der Bauer (wohl zu mhd. hache, Bursche, Kerl), Stechhans, der Schneider, Grillenhans, der Gelehrte, Kappenhans, der Kapuziner — dem genau einerseits der Gugelfranz für Mönch (ursprünglich wohl besonders Franziskaner, von Gugel, landschaftl. für Kappe, Kapuze; vgl. südd. Gugelhopf = Napfkuchen), andrerseits der moderne wienerische Kuttenhansel für den Geistlichen überhaupt entspricht. Endlich seien noch einige in neuerer Zeit aufgekommene Zusammensetzungen mit Eigennamen für Polizisten, Gendarmen usw. erwähnt, wie der sonderbare „Klempners Karl," der vielleicht als Kerl (Karl) zu deuten ist, der die Gauner klemmt, d. h. fängt oder in die Klemms, das Gefängnis (s. oben S. 51), abführt (vgl. auch Klemser = Schultheiß) und übrigens Seitenstücke einmal in „Schallers Karl" für Lehrer, Kantor (zu rotw. schalle[r]n, singen), sodann in dem „Charley" des englischen Cant für den Polizisten hat, ferner der „Lattenseppel" (von Latte für Gewehr), der wohl zuerst in Berlin aufgekommene „blanke (auch weiße oder gelbe) August" für den Gendarm (je nachdem er weißes oder gelbes Riemenzeug trägt) und der „Schmiermichel" für Kriminalbeamter (modern, in Hamburg), der (ebenso wie das einfache wienerische Schmierer) zweifelsohne von Schmiere, Wache (Schmiere stehn, Wache halten; s. oben S. 29) herzuleiten ist (vgl. noch im [ältern] engl. Cant: Robin [Demin. von Robert] redbreast, Polizist und Johnny Derby, verunstaltet aus dem französischen gendarmes; im französ. Argot: Martin Rouant, Gendarm, ein Wortspiel, worüber das Nähere bei Lombrojo, S. 387 zu finden ist).

Gewisse Eigennamen, besonders die einst bei unsern Vorfahren so ziemlich am verbreitetsten gewesenen, Hans und Michel, kommen dann auch zur Bezeichnung von Tieren oder (öfter) von

---

⁹⁴) Vgl. auch noch: G'scherter Hansel, Teufel (bei Avé-Lallemant, IV, S. 546 und Groß, S. 368), Spreckhansel, Narr bei Pollak (S. 232), Blasmicherl, Päderast (ebd. S. 207).

leblosen Gegenständen vor, und zwar zuweilen für sich allein — wie z. B. Hansel für Kasten, Trog, Michel für Säge, Messer, Degen, Richtschwert, Jackel, wohl Deminutivform von Jakob, für Opferstock (in der Verbindung „dem Jackel das Eingeweide ausnehmen," die Opferstöcke plündern), Kar(o)line für Schnapsflasche (modern), Friedl für Rock bei den heutigen Wiener Gaunern[95]) —, häufiger aber in bestimmten Zusammensetzungen. Schon der Liber Vagatorum kennt z. B. die eigentümlichen, schwer zu deutenden Ausdrücke Hans Walter (später auch verdorben in „Hanswalter") für die Laus und Hans von Geller (wahrscheinlich: von Geldern) für grobes Brot (vgl. Grimms D. WB., IV, 1/2, Sp. 3041). Diesen reihen sich - als Verbindungen mit Hans am Ende — an: Grundhans, die Eggenzinke, Schneidhans, die Schere, Stanghans oder Stammhans, der Baum (dieses auch: Fuß, Bein), Sauerhans (oder Surhans), die Zwiebel, Pommhans (oder Bommhans), der Apfel (halbfranzösisch wie Pommerling), Braunhans, der Kaffee, Blauhänse, Zwetschen, Langhänse, Bohnen, Klaishänse oder Gleishänse, (weibliche) Brüste (von Klais, Chlayes, Gleis, Glis usw., Milch, auch Silber, abzuleiten wohl vom deutschen Zeitworte gleißen, glitzern, glänzen) u. a. m.; ferner als Verbindungen mit der De-

---

95) Dieses bei Pollak (S. 212) angeführte Wort der neuern Wiener Gaunersprache steht offenbar im Zusammenhange mit dem studentischen (s. Kluge, Deutsche Studentenspr., S. 93) und auch landschaftlich weit verbreitet gewesenen „(alter) Gottfried" für alter, bequemer Hausrock, Schlafrock (vgl. Avé Lallemant, IV, S. 289). Über andre ähnliche, nach Eigennamen gebildete Wörter unsrer Umgangsprache s. noch Krüger, a. a. O., S 79; vgl. auch Nyrop-Vogt, Leben der Wörter, S. 27. Das bekannteste Beispiel ist zweifelsohne Diet(e)rich (ndd. Dietk[en], schwed. Dyrk, dän. Dirk), das - wie das seltnere Peterken (d. h. Peterchen) oder Klaus (auch Klöschen) — den Nachschlüssel bedeutet, aber nicht - wie man gern vermuten möchte aus der Gaunersprache stammt. Das Nähere besonders bei Kluge, Etymolog. WB., S. 78, Sp. 1. — Ein Namenwortspiel der Wiener Gauner (nach Art der oben angeführten Ausdrücke Damian und Fabian) ist „Kilian" für die Kälte (aus Kühle, kuhl); s. Pollak, S. 219. Über Jószi s. noch unten Anm. 98, über „Kaschparl" schon oben Anm. 90.

minutivform Hansel u. a.: Hochhansel, (Kleider=) Schrank,
Mara(c)hansel, Backtrog (halbzigenn.; vgl. oben S. 31), Lang=
hansel, kleines Brecheisen, Ohrhansel, Tiegel, Henkelkrug; mit
Hanjo (als Transposition von Johann): das schon früher er=
wähnte Serche=Hanjo, Tabaksbüchse oder =beutel (vgl. Salz=
hans, Schrotbeutel nach Avé=Lallemant). Der „deutsche
Michel“ ist besonders vertreten in den Zusammensetzungen Lang=
michel oder Blankmichel, das Schwert, Richtschwert und
Fetzmichel, das Abdeckermesser (vom deutschen fetzen, vgl. oben
Anm. 37). Nur vereinzelt findet sich auch Spannmichel für
das Auge, vom rotwelschen Zeitworte spannen, sehen, schauen,
dem Spannkaspar für den Guckkasten (bei Karmayer) ent=
spricht (vgl. ebd. auch noch Gränzmicherl oder Pickmicherl
für „Basrelief, Figur auf Stein“; in einer schwäbischen Händler=
sprache: Moosmichel für Geldbeutel, Portemonnaie). In dem
vom Bayreuther Zuchthausprediger Riedel 1750 veröffentlichten
rotwelschen „Wörterbuche von St. Georgen am See“ heißt der
Branntwein Soruf=Märten, gebildet wahrscheinlich aus Soruf,
Schnaps (vom hebr. sârûf, Partiz. Pass. von sâraf, brennen, vgl.
rotwelsch sarfenen, serfen in derselben Bedeutung) und Märten,
der in Süddeutschland volkstümlichen Form des Eigennamens
Martin. Wenn endlich in Berlin allgemein der grüne Wagen zum
Transport der Gefangnen auch als „grüne Minna,“ „grüner
Aujust“ oder — vielleicht mit Anlehnung an den Titel eines
bekannten Romans von Gottfried Keller — „grüner Hein=
rich“ genannt wird, so dürfte auch diese Terminologie wohl zuerst
in Gaunerkreisen aufgekommen sein, zumal die letzte der erwähnten
Bezeichnungen (neben „sanfter Heinrich“ oder „Heinrich“
schlechthin) auch bei den Gaunern in Wien als noch heute ge=
bräuchlich festgestellt worden ist (s. Pollak, a. a. O., S. 214, 216,
228; vgl. auch noch die „Black Maria“ im [ältern] engl. Slang
für dasselbe Gefährt, das in London schwarz angemalt war).

Auch einzelne historische Namen,[96]) insbesondre solche aus

---

[96]) Über den Einfluß, den überhaupt einzelne Ereignisse der Zeit=
geschichte auf die Entstehung von Ausdrücken in den Gaunersprachen ge=

dem Alten Testament, haben die deutschen Gauner für ihre Geheimsprache verwertet.[97]) So geht zum Beispiel der in Deutschland durch Chamissos „Peter Schlemihl" allgemein bekannt gewordne Name Schlemiel, der im Rotwelsch (sowie bei den Juden, vielleicht im Anschluß an Schlamassel [R. Kleinpaul]) den Pechvogel bezeichnet, dem alles mißlingt (vgl. „Schlamasselvogel" bei Thiele), wahrscheinlich auf eine biblische Persönlichkeit zurück, nämlich den im vierten Buche Moses (1, 6) erwähnten Schelumiel, der nach der jüdischen Sage erstochen wurde (vgl. 4. Mos. 25, V. 6 bis 15). Ferner ist Rebmosche oder Rebbemausche, wie die Gauner das bei Einbruchsdiebstählen benutzte große Brecheisen (Krummkopf, Lude) nennen oder wenigstens früher nannten, wohl nichts andres als eine Verunstaltung von Rabbi Moses, dem großen Gesetzgeber des Volkes Israel, der, bei diesem der Typus der höchsten Erhabenheit und Gewalt, hier in frivoler Weise einem verbrecherischen Werkzeuge gleichgestellt ist. Als identisch damit kommt übrigens zuweilen auch der Ausdruck Rebtauweie oder Rebbe Toweie vor, d. h. Rabbi Tobias, wohl nach dem (im 2. Buche der

habt haben, s. im allgemeinen Lombroso, S. 386 ff. Ein Beispiel aus dem ältern Rotwelsch ist das bei Dietmar von Meckebach um 1350 verzeichnete „Tumeherren," d. h. Domherren für Falschmünzer (Kluge, Rotw. I, S. 2), wofür die Erklärung bei Hoffmann von Fallersleben in seiner Monatsschrift von und für Schlesien, I (1829), S. 56 gegeben ist (wiederholt im Weimar. Jahrb. für deutsche Sprache, Literatur usw., I, 1854, S. 329).

[97]) Auch diese Erscheinung steht in den Gaunersprachen nicht vereinzelt da. So kannte namentlich das ältere englische Cant die Verwendung biblischer Eigennamen für Gegenstände, wie Jakob, Leiter, Joseph, Mantel, Upper-Benjamin, Überrock (Krüger, a. a. O., S. 19 vbd. mit Baumann, Londinismen, S. CX, 99, 102, 266). Vgl. dazu das auch in der neuern Wiener Gaunersprache gebräuchliche Jößsi (d. h. Joseph) für Winterrock (Pollak, S. 217 u. Anm. 13). — Im französischen Argot ist Judas sowohl „Verräter" als auch „Guckfensterchen in der Rückwand des Wagens" (Villatte, Parisismen, S. 162; Krüger, a. a. O., S. 5); auch im Deutschen wird es wohl als Bezeichnung der Gucklöcher an den Gefängniszellen gebraucht.

Chron. 17, V. 8 erwähnten) Leviten Tobias oder dem (bei Ne=
hemia, Kap. 2, 4, 6 vorkommenden) Ammoniter gleichen Namens,
der dort als Gewaltmensch geschildert wird.[98]

Fast am sonderbarsten mutet endlich die Verallgemeinerung
zu Gattungsbegriffen bei einzelnen neuern Familiennamen an, die
entweder einst weithin bekannt gewesen sind oder aber an ein be=
stimmtes, für das Gaunertum wichtiges Ereignis anknüpfen. Für
den letzten Fall bietet ein sehr lehrreiches Beispiel der merk=
würdige Ausdruck „Fleischmann" (zuweilen auch ins Jüdisch=
Deutsche durch Boser=Isch, Bosert=Isch, Boser=Tisch [!] usw.
[aus hebr. bâsar, Fleisch und isch, Mann] oder ins Italienisch=
Deutsche durch Kärnerfetzer [vgl. oben S. 38] übertragen), der
in mehreren rotwelschen Glossaren mit: „einer, der Diebe auf=
sucht oder verfolgt" oder „Auffanger, Hatschier" (also Gendarm,
Polizist im weitern Sinne) wiedergegeben ist. Die Erklärung
hierfür aber kann man aus dem Riedelschen „Wörterbuche von
St. Georgen am See" (1750) entnehmen, wonach diese Begriffs=
verallgemeinerung herstammt von einem Leutnant namens Fleisch=
mann, der — etwa zu Anfang des achtzehnten Jahrhunderts —
in der Umgegend von Frankfurt a. M. und Darmstadt „die Räuber
und Diebe verfolget" hatte und dann „zuletzt von ihnen über=
fallen und jämmerlich massacrirt worden" war.[99] Auf einen mit

---

[98] Hierfür Dr. M. Brann (wenn überhaupt dabei an eine bestimmte
geschichtliche Persönlichkeit zu denken sei). Im übrigen vgl. noch Avé=
Lallemant, Bd. IV, S. 590 vbd. mit Bd. II, S. 125, Anm. 3.

[99] Avé=Lallemant (IV, S. 53, 54) hat aus dem Fehlen des
Wortes in dem „an substantivischen Personenbezeichnungen sehr reichen
»Waldheimer Lexikon«" (1726) geschlossen, daß „die tragische Begebenheit"
sich „etwa gegen Ende der ersten Hälfte" des achtzehnten Jahrhunderts
ereignet habe. Dagegen findet sich der Name Fleischmann nicht nur in der
sogenannten „Koburger Designation" von 1735 (Kluge, Rotw. I, S. 205),
sondern auch schon bei J. B. Weißenbruch („Ausführliche Relation" usw.,
1727 [Kluge, a. a. O., S. 194]) mehrmals (S. 60—64 u. 116) als
Gattungsbegriff verwendet. Im ältern englischen Cant war der Familien=
name Harman (nach Thomas Harman, dem Verfasser eines berühmten
Wörterbuchs der englischen Gaunersprache um 1566) zu dem Begriffe „Po=
lizist" verallgemeinert worden (vgl. Baumann, Londinismen, S. XLI,

dem Gaunertum nicht direkt in Zusammenhang stehenden, sondern nur einst überhaupt berühmt gewesenen Familiennamen geht dagegen die Phrase „einen Unzelmann machen" für „sich verstellen, einem etwas vorlügen" zurück, die zu Beginn des vorigen Jahrhunderts von einzelnen Lexikographen des Rotwelsch erwähnt wird. Sie wird jedem unverständlich bleiben, der noch niemals etwas von der für ihre Zeit hervorragenden Schauspielerfamilie Unzelmann gehört hat.

Auch in der Behandlung der Familiennamen — wie der Eigennamen überhaupt — kann übrigens die Sprache noch weiter gehn, indem sie zur besondern Charakterisierung einzelner Tätigkeiten völlig selbständige Zeitwortformen nach bestimmten Persönlichkeiten bildet, und zwar auf die Weise, daß an einen Namen einfach eine verbale Endung angehängt wird. Diese Methode ist namentlich in dem Argot unsrer Nachbarn jenseits des Rheins recht beliebt, wo — um nur ein Beispiel statt aller zu erwähnen — das aus Haß gegen unsern Altreichskanzler Bismarck entsprungne „bismarquer" familiär für „überlisten, über den Löffel barbieren, sich etwas um jeden Preis aneignen" und „tüchtig ankreiden" im Gebrauch ist. In Deutschland kann man heute noch eine Sache „verballhornen," d. h. „verschlimmbessern" (nach dem Lübecker Buchdrucker Ballhorn, 1530—1599), und in Berlin heißt „aschingern" so viel wie schlemmen (nach Aschingers „Bierquelle"), ja ein Kritiker erfand einst das Schlagwort „zu Tode birchpfeiffern" für das unmotivierte aus dem Leben Schaffen einer Person in einem Theaterstücke, wie es bei Charlotte Birch-Pfeiffer häufig vorkommt. Ein ähnliches Beispiel aus der Gaunersprache enthält das sogenannte Baseler Glossar von 1733, eine amtliche, auf Befehl des Stadtrats angefertigte Arbeit über Rotwelsch. Es ist das Zeitwort „cartouchen" für still-

---

XLIV/V, LI u. besonders XLVI vbd. mit S. XXXIX u. 87, im Vokabular unter „harman"). — Daß auch sonst wohl „im Volksmunde ein bestimmter Personenname (Familienname) zur Bezeichnung eines Amts gebraucht" worden ist, hat Avé-Lallemant (IV, S. 287, Anm. 1) durch einige Beispiele zu belegen versucht.

schweigen, leugnen, das ohne Zweifel zurückgeleitet werden darf auf den einst äußerst berüchtigten, seinerzeit (Anfang des achtzehnten Jahrhunderts) sogar mehrfach literarisch behandelten französischen Gauner Louis Dominique Cartouche, und das sich daraus erklärt, daß dieser Erzspitzbube sich sogar noch auf der Folter aufs hartnäckigste weigerte, über seine Untaten, die Namen seiner Mitschuldigen usw. nähere Angaben zu machen. Eine Art Seitenstück dazu ist auch das Verbum „käpernicken" für laufen, das in der von Kluge kürzlich bekannt gemachten, dem Rotwelsch noch sehr nahe stehenden Sprachweise der sogenannten Lattcher (Eckensteher) der Stadt Halle vorkommt (s. Rotw. I, S. 492). Seinen Ursprung dürfte es nämlich einem Schnelläufer namens Käpernick verdanken, der zu Anfang der achtziger Jahre des neunzehnten Jahrhunderts öfter namentlich die Strecke zwischen Berlin und Leipzig — über Halle — zurücklegte.

In ähnlicher Weise hat endlich das Rotwelsch zuweilen auch geographische Bezeichnungen (Länder- und Städtenamen) zur Bildung neuer Zeitwörter benutzt, wie z. B. „auspreuschen" (von Preußen) oder „Märtine verkasseln" (von dem schon oben [S. 7] erwähnten hebr. mᵉdînâ[h], Landschaft, Provinz und der Stadt Kassel) für des Landes verweisen sowie „Wiener machen (müssen)" für ausgewiesen werden, das vielleicht speziell mit dem sogenannten „Wiener Schub" (d. h. der am Ende des achtzehnten Jahrhunderts zweimal jährlich stattfindenden Abschiebung aller in Österreich aus den Reichslanden eingedrungnen und aufgegriffnen Landstreicher nach Schwaben) in Verbindung gebracht werden darf.

Derartige Wendungen können übrigens kaum überraschen, wenn man berücksichtigt, daß die Geographie aus leicht erklärlichen Gründen überhaupt eine nicht unbedeutende Rolle in unsrer Gaunersprache gespielt hat.[100]

*　　*　　*

---

[100] Der Verfasser behält sich vor, auf dieses Thema an andrer Stelle demnächst noch ausführlicher zurückzukommen.

Zum Schlusse sei noch eine Frage allgemeinerer Art berührt, nämlich die nach dem Werte einer Kenntnis der Gaunersprache. Die ältern Schriftsteller haben solcher Kenntnis nicht nur fast einstimmig eine hervorragende praktische Bedeutung für alle an der Strafrechtspflege beteiligten Beamten und Behörden beigelegt, sondern auch mehrfach noch betont, daß für Reisende, Kaufleute, Wirte, ja in gewissem Umfange sogar für jedermann eine nähere Bekanntschaft mit dem Rotwelsch Nutzen bringe, denn jeder könne z. B. einmal genötigt sein, in „Räuberherbergen“ zu übernachten, wo ihn dann seine Gelehrsamkeit in den Stand setzen würde, etwaige gegen sein Leben oder seine Börse geschmiedete Komplotte zu vereiteln (so besonders noch der Gießener von Grolman). Bei unsern jetzigen, gänzlich veränderten Verhältnissen des Reiseverkehrs und des Gasthauswesens sind solche Fälle wohl kaum noch ernstlich in Betracht zu ziehen, aber auch über den Wert rotwelscher Sprachkenntnisse für den praktischen Juristen denkt man in der Gegenwart viel skeptischer als früher. Schon Avé-Lallemant hat es als eine Legende bezeichnet, daß sich das Gesicht auch des verhärtetsten Gauners geradezu verkläre, sobald der Richter in sein Verhör einige rotwelsche Vokabeln einflechte, und daß man auf diese Weise dann leichter Geständnisse erreichen könne[101]; er warnt vielmehr die Kriminalisten davor, mit solchen Kenntnissen allzusehr zu kokettieren, da der ihnen auf diesem Gebiete doch meist bedeutend überlegne Gauner sie nur zu leicht ad absurdum führen könne. Ziemlich gering schlägt im ganzen neuerdings auch Professor Groß (besonders in seinem Handb., S. 348 ff.) den Wert von Kenntnissen in der Gaunersprache für den Richter, namentlich den Untersuchungsrichter an. Er gibt nämlich nur zu, daß es einmal für den modernen Strafrichter notwendig sei, um das innerste Seelenleben des Verbrechers nach)

[101] Avé-Lallemants Bemerkungen hierüber (Bd. IV, S. 315) sind besonders gegen Thiele, Jüd. Gauner, I, S. 195/96 gerichtet, mit dessen Ausführungen übrigens bemerkenswerterweise auch noch L L in der Zeitschrift f. d. ges. Strafrechtswissenschaft, Bd. V, 1885, S. 427 fast völlig übereinstimmt.

Möglichkeit zu erforschen und richtig zu beurteilen, auch dessen besondre Sprache zu beherrschen, sodann weiter, daß Kenntnisse im Rotwelsch immerhin zuweilen auch eine gewisse praktische Bedeutung gewinnen können, so z. B. für das Auffangen von Korrespondenzen, die etwa in diesem Idiom geführt sind, oder für das Belauschen von Gesprächen Verhafteter untereinander oder mit andern Personen, wie bei Konfrontationen usw. Daraus ersieht man aber zugleich, daß es — fast noch mehr als für den Richter — auch für die Polizei= und Sicherheitsbeamten, die Gendarmerie und das Gefängnispersonal von Wichtigkeit ist, die Redeweise der Gauner genau zu verstehn — ein Umstand, auf den schon ältere Schriftsteller mit Recht Gewicht gelegt haben. [102])

In ganz andrer Richtung liegt natürlich der Wert einer Beschäftigung mit dem Rotwelsch für den Philologen. In dieser Beziehung ist zunächst schon die wohl nicht zu leugnende Tatsache von Bedeutung, daß unter den Gaunern im großen ganzen der Gebrauch ihrer Geheimsprache im Rückgange und das noch benutzte Wortmaterial in fortwährender Veränderung begriffen ist, sodaß man schon deshalb nicht säumen sollte, den augenblicklichen Bestand dieser Sprachart wissenschaftlich zu untersuchen.

Das Rotwelsch ist aber noch keine tote, sondern eine lebende Sprache, die ihren Einfluß weit über die Kreise des eigentlichen Gaunertums hinaus erstreckt hat. Erst der allerneusten Zeit blieb es vorbehalten, festzustellen, daß es nicht nur einzelne sozusagen halb rotwelsche Geheimsprachen (wie den Hallischen „Lattcherschmus" und das „Mattenenglisch" der Berner Schüler) gibt, die noch in praktischem Gebrauche sind, sondern daß auch eine ganze Reihe ebenfalls lebender Händler= oder Hausierersprachen (Krämerlatein) in Deutschland vorhanden ist (wie z. B. das Pleißlen oder Pleißnen der Killertäler im Hohenzollernschen, das Schlausmen der Sauerländer, die nordwestfälische Tiöttensprache [auch Bargunsch oder Humpisch] und namentlich der sogenannte Hennese Flick oder Fleck

<hr>

[102]) Über die beste Art, Erhebungen über Gaunerwörter und ihre Bedeutung unter den Verbrechern selbst vorzunehmen, s. jetzt besonders Pollak in Groß, Archiv, XV, S. 192 ff.

[d. h. die schöne Sprache] von Breyell in der Rheinprovinz nahe
bei der holländischen Grenze), die eine so große Ähnlichkeit mit
dem Rotwelsch haben, daß Kluge (in der Zeitschr. d. Allg. Deutsch.
Sprachvereins, XVI, 2, Sp. 36) geradezu die Vermutung ausge=
sprochen hat, sie seien schon ebenso alt wie die Gaunersprache selbst.
Enthält doch schon der Liber Vagatorum eine Warnung vor den
— auch nicht betrügerischen — Hausierern, von denen man „nüt
gutz“ kaufe (vgl. auch den niederländ. Ausdruck kraemerslatijn
oder coopmanslatijn, das englische pedlars french und das böh=
mische kramářka řeč für die Gaunersprache). Ohne eine genaue
Bekanntschaft mit dem Rotwelsch lassen sich also jedenfalls diese
zum Teil höchst interessanten Spracharten nicht näher erforschen.
Die Beschäftigung mit den Standessprachen ist aber für den
Sprachgelehrten bekanntlich nicht Selbstzweck, sondern soll nur zu
dem Nachweise dienen, in welcher Weise sie auf die Ausgestaltung
des Wortschatzes unsrer Gemeinsprache eingewirkt haben. Dabei
finden wir nun gerade die Gaunersprache selbst wieder ganz be=
sonders stark beteiligt. Denn es vergeht fast kein Tag, wo wir nicht
— wenn auch freilich meist unbewußt — Wörter rotwelschen Ur=
sprungs in den Mund nehmen.[103]) Da ist zunächst die große
Masse der jüdisch=deutschen Ausdrücke, die in unsre Muttersprache
nur zum kleinern Teil unmittelbar durch die Juden selbst, zum
größern Teil entweder durch die Vermittlung der christlichen Kirche
oder durch die Studenten und die Gauner eingedrungen sind und
dann hier allgemeines Bürgerrecht erworben haben.[104]) Eine kleine
Blütenlese solcher Bestandteile unsrer täglichen Redeweise, die
sämtlich auch in den Wörterbüchern der Gauner oder Kunden=
sprache vorkommen, wird dies veranschaulichen. So kann, um

[103]) Eine Zusammenstellung solcher Wörter, die aber einerseits lange
nicht erschöpfend ist, andrerseits auch manchen nicht unmittelbar aus dem
Rotwelsch stammenden Ausdruck enthält, findet sich bei Fr. Söhns, Die
Parias unsrer Sprache, S. 22 ff. Einzelne Beispiele auch bei Kluge in
der Zeitschr. d. Allg. Deutsch. Sprachvereins, XVI, 1, Sp. 8.

[104]) Vgl. dazu (außer Söhns, a. a. O.) besonders auch noch Klein=
paul, Das Fremdwort im Deutschen, S. 53 ff.; Kölnische Zeitung vom
25. Mai 1902 (Sonntagsausgabe): „Hebräische Fremdwörter.“

mit dem wohl „bekanntesten aller Gaunerwörter" (Avé-Lalle-
mant, IV, S. 197) zu beginnen, heutzutage nicht mehr bloß ein
Dieb Ort und Zeit des Stehlens, sondern jedermann eine günstige
Gelegenheit für etwas „ausbaldowern" (vgl. oben S. 27).
Ein junger Bursche pflegt, auch wenn er ein Christ ist, des
Sonntags mit seiner „Kalle" (Braut, Mädchen, vom hebr. kallâ[h])
spazieren zu gehn; ist er aber ein Jude, so hat er jetzt ein(e)
„Schickfel" — sonderbarerweise, da dieses Wort (rotwelsch meist
„Schickfe" oder „Schicks"; vgl. Dappel- oder Tippelschickfe,
Mädchen auf der Wanderschaft, Genossin des Kunden) von den
Juden gerade umgekehrt nur für Christenmädchen gebraucht
wurde, geradeso wie das männliche Seitenstück dazu „Scheges,"
„Schecks" oder gar „Schütz" (das in rotw. Verbindungen auch
zur Bezeichnung einzelner Berufe vorkommt, wie Rollschütz,
Müller, Löbenschütz, Bäcker [zu hebr. lechem, Brot]) zunächst nur
den Christenknaben (eigentl.: Greuel, hebr. scheqeç oder
schiqqûç) bezeichnet hat. Auch der christliche Kaufmann vermag jetzt
zu „schachern" oder „Schacher zu treiben," und geht es dabei
etwa nicht ganz „koscher" (hebr. kôschêr, [rituell] rein) zu, so
kann er vom Gerichte „verknaxt" werden. Denn auch dieser
scheinbar so recht urdeutsche Kraftausdruck geht auf ein rotwelsches knasten oder knassen, bestrafen, Knaß oder Knast,
Strafe, Geldstrafe zurück, das vom neuhebräischen qânas, bestrafen
herstammt, das seinerseits wieder auf das spätgriechische $\varkappa\tilde{\eta}\nu\sigma\sigma\varsigma$,
eine Umgestaltung des lateinischen census (Kopfsteuer), zurück-
geht[105]) — gewiß ein merkwürdiges Beispiel für das Wandern
eines Wortes! Verliert der Geschäftsmann durch ein „Schlamassel" sein „Moos" oder seinen „Kies," so kommt er — samt
seiner ganzen „Mischpoche" oder „Mischpoke" (Familie, An-

---

[105]) Die Erklärung hierfür liegt (nach einer Mitteilung von Dr. M.
Brann) darin, daß die Kopfsteuer in der Zeit um Christi Geburt den
palästinensischen Judäern als der Inbegriff der römischen Knechtschaft galt,
woraus sich dann die Übertragung des verhaßten Wortes auf den Begriff
der gerichtlichen Strafe überhaupt ergab. Vgl. auch Dahlmann,
Aramäisch-neuhebräisches Wörterbuch (Frankfurt a. M., 1901) unter qânas.

hang, aus hebr. mischpácha[h], Geschlecht) — in den „Dalles"
(Geldmangel, Armut, Verderben, vom hebr. dallût), es geht ihm
„mies" (vom jüdisch-aramäischen mĕ'îs, widerlich)), er kleidet sich
„schofel" (d. h. schlecht, gemein, besonders auch in übertragnem
Sinne gebraucht, vom hebr. schâfâl, jüd. schôfôl ausgesprochen),[106]
ja schließlich macht er gar „Pleite" (hebr. pĕlĕtâ[h]), eigentlich
Flucht, dann Bankrott) und geht „kapores," d. h. zugrunde (aus
hebr. kappôret, eigentlich Sühnopfer, weshalb auch das rotwelsche
Zeitwort kaporen sowohl für versöhnen als [häufiger] für umbringen, töten, sterben vorkommt). Wer viel über sein Mißgeschick
jammert, der macht ein „Geseires."[107] wer albernes Zeug
schwatzt, „schmust" (vom hebr. schĕmû'a, Plur. in jüd. Aussprache
schĕmû'ôs, Gehörtes, Geschichte), „dibbert" oder „debbert" (zu
hebr. dibbêr), der ist ein „Schaute" oder „Schote" (d. h. Narr,
dann auch schlaffer, charakterloser Mensch, vom hebr. schôte[h])[108]
oder ein „Kaffer" (eigentl. Bauer, Mann, vom rotw. Kaff, Dorf,
zu hebr. käfâr), dem man den guten Rat gibt, keinen „Stuß"[109]

---

[106] Die Ableitung vom hebr. schôfêl, niedrig, die Stumme, a. a. O.,
S. 19 vertreten hatte, die aber von andrer Seite beanstandet wurde, hält
dieser Gelehrte jetzt nicht mehr aufrecht.

[107] „Geseires" finde ich in dem Sinne von „unnötiges Ge-
schwätz" in gaunersprachlichen Quellen zuerst bei Zimmermann, 1847
(Kluge, Rotw. I, S. 378); vgl. Fröhlich, 1851 (Kluge, a. a. O.,
S. 398); Avé-Lallemant, IV, S. 543; Groß, Handb., S. 467. Nach
Prof. E. Kautzsch (Halle) gehört es etymologisch zu dem talmud. gĕzêrā,
d. h. eigentl. Entscheidung, dann Behauptung, auch Schlußfolgerung. Da
jedoch der Sprachgebrauch des Jargons darunter Zank und Streiterei ver-
steht, so muß den Übergang die Bedeutung „erregte, kühne Behauptung"
gebildet haben, an die dann wohl wieder das Rotwelsch angeknüpft hat.

[108] Hierauf geht auch der bekannte rotwelsche Ausdruck „Schotten-
feller" für Ladendieb (Avé-Lallemant, IV, S. 603/4) zurück, aus dem
die Volksetymologie der Wiener Gauner einen „Schottenfelder" gemacht
hat, gleichsam als stamme er aus dem Wiener Vororte Schottenfeld.

[109] Dieses, in rotwelschen Quellen wohl erst zu Beginn des neunzehnten Jahrhunderts (z. B. bei Pfister, 1812, für: Narrheit, Kleinigkeit)
auftretende Wort, das aber im Judendeutsch schon viel früher vorkommt,
ist nach seiner Etymologie noch nicht sicher festgestellt. Sonderbarerweise
ist es unter den zahlreichen jüdisch-deutschen Ausdrücken im Jargon des

oder „Kohl," d. h. dummes Zeug (wohl zu hebr. qôl, Stimme, Rede) zu reden, oder die Frage vorlegt, ob er vielleicht „schicker" („beschickert" oder „angeschickert"), d. h. betrunken (vom hebräisch. schikkôr) oder gar „meschugge," d. h. verrückt (vom hebräisch. mŏschuggâ‘) sei.

Ähnlich ist es auch einzelnen Fremdwörtern aus andern Sprachen ergangen, wie den aus dem Slawischen stammenden „Ka(t)schemme" für Kneipe, Schenke [110] und „Pachulke" oder „Bachulke" für ungeschlachter Mensch (rotw. besonders: der Straf=gefangne, der in der Anstalt Hausarbeit versieht, vom tschechischen pacholek, Bursche, Knecht) oder dem aus dem Englischen über=nommnen, jetzt ganz allgemein gebräuchlichen „Schwindler," [111] namentlich aber solchen rotwelschen Formen, die vielleicht (wie „Pracher," rotw. Bettler und „Ramsch," rotw. bunter Haufe, [Kauf in] Bausch und Bogen) [112] oder sicher deutschen Ursprungs

---

Berliners gerade das einzige, das durch seinen häufigen Gebrauch „nahezu christlich=germanisch geworden" ist. (Ed. Engel, Die Sprache des Ber=liners, in der „Beilage zur [Münchner] Allgem. Zeitung," Jahrg. 1903, Nr. 127, S. 435.)

[110]) Wendisch kortschma, Dorfschenke, schon ins Mhd. als kretschem übergegangen, ält. nhd.: Kretscham (Fr. Seiler, Die Entwicklung der deut=schen Kultur usw., II, S. 204). Noch um 1813 kommt rotw. Gritschimari (slaw. karczmarz) für Wirt, Schenkwirt vor, womit auch unser Familien=namen Kretschmar (Cretzschmar, Krätschmar, Kretschmer, Kretzmer usw.) zusammenhängt. Vgl. Alb. Heintze, Die deutschen Familiennamen usw., 2. Aufl., Halle 1903, S. 182/3 unter „Kretschmer."

[111]) Dieses etwa erst um 1800 in der deutschen Gaunersprache auf=tretende Wort (vgl. Kluge, Rotw. I, S. 275, 348) geht auf das englische swindler zurück, das um 1760 für Londoner Hochstapler aufgekommen ist. Näheres bei Kluge, WB., S. 359, Sp. 2 und R. Sprenger in der Zeitschr. für deutsche Wortforschung II, S. 302/3.

[112]) Deutschen, genauer niederdeutschen Ursprung von „Pracher" nehmen die Wörterbücher von Grimm (VII, Sp. 2041), Sanders (II, 1, S. 578, Sp. 1) und Kluge (S. 302, Sp. 2) an, während schon Adelung an die Ableitung vom latein. precari dachte (vgl. Avé=Lallemant, IV, S. 586), die auch Söhns, a. a. O., S. 24 befürwortet, während Stumme, a. a. O., S. 11 die vom ital. pregare bevorzugt, wozu die ältere rotw. Form Breger (so z. B. im Liber Vagat.) allerdings am

sind. Aus dem einheimischen Wortbestand unsrer Gaunersprache stammt z. B. der „Stromer,"[113]) der mit seinem „Ranzen" auf dem Rücken des Weges daherzieht und es auch wohl nicht verschmäht, gelegentlich etwas zu „schießen," zu „klemmen" oder zu „langen,"[114]) der „Bauernfänger" (rotw. älter auch „Kaffer-

genauesten passen würde. — „Ramsch" (das übrigens mehrfache Bedeutung hat) ist — in dem oben genannten Sinne — z. B. von Avé-Lallemant (IV, S. 589/90) und Sanders (WB., II, 1, S. 636, Sp. 3) auf einen deutschen Stamm (raffen usw.; vgl. Sanders, a. a. O., S. 632) zurückgeleitet worden, wogegen man es neuerdings für eine Umgestaltung des franz. ramas (ramasser = ramschen) hält. So: Grimm, WB., VII, Sp. 82; Paul, WB., S. 349; vgl. Söhns, a. a. O., S. 38, 39. Das rotwelsche ramschen ([be]rammen, beramschen, beramsen usw.) für betrügen gehört dagegen wohl zu dem hebräischen Stamme des oben (S. 27) besprochenen jüdisch-deutschen meramme sein (vgl. Avé-Lallemant, IV, S. 589 unter „Ramme"). — Auf das Französische oder Italienische (passer oder passare, überschreiten, nämlich: die Landesgrenze) leitet man das ebenfalls aus dem Gaunerjargon in unsre Gemeinsprache eingedrungne Wort „Pascher" für Schmuggler zurück (vgl. Grimm, WB., VII, Sp. 1482; Kluge, WB., S. 292; Paul, WB., S. 338), wobei jedoch zu beachten ist, daß das Stammwort paschen (verpaschen), passen (verpassen) im Rotw. zunächst schlechthin kaufen (verkaufen) bedeutet und wohl erst allmählich auf die Tätigkeit des Hehlers oder „Schärfenspielers" (vgl. „Paßmann," oben S. 77; Avé-Lallemant, II, S. 322) sowie dann auch des Schmugglers beschränkt worden ist. Der für denselben Begriff vielfach (in Oberdeutschland und besonders in Österreich) gebrauchte Ausdruck „Schwärzer" (vgl. Grimm, WB., IX, Sp. 2330, Nr. 2, d, δ und Henne, WB., III, S. 518, Sp. 2) dürfte wohl zu dem rotw. Worte Schwärze für Nacht in Beziehung gesetzt werden. Vgl. oben S. 18, Anm. 10: „Schwarzfahrer" — Schmuggler; Avé-Lallemant, III, S. 22; R. Spiegel, Gelehrtenproletariat und Gaunertum, S. 50, Anm. 1.

[113]) Das wohl jedenfalls vom deutschen Zeitworte strömen, stromen (das Land wie ein Strom, Bach kreuz und quer durchziehen) abzuleitende Wort kommt — allerdings in einem viel engern Sinn als heute — schon um 1350 in dem „Rotatenbuche" des Dietmar von Meckebach vor.

[114]) In Berlin „reist" daher der Taschendieb „für die Firma Klemm und Lange" (H. Meyer, a. a. O., S. 63). Bemerkt sei übrigens, daß (das wohl aus der Studentensprache übernommene) „schießen" (vgl. oben S. 55) ebenso wie „klemmen" in dem angegebnen Sinn erst modernes Gaunerdeutsch ist, während „langen" für stehlen sich schon am Ende des siebzehnten Jahrhunderts im Rotwelsch nachweisen läßt (vgl. Kluge, Rotw. I, S. 166).

jänger" und schon im vierzehnten Jahrhundert „burenveratter"),
der im Kartenspiele die Gimpel rupft oder „beschuppt" (vgl.
„Freischupper"), der „Schnorrer" und der „Hochstapler"
(ältester Beleg 1727; vgl. aber auch oben S. 36 über Sta=
beler usw.), ja höchstwahrscheinlich auch der „Nassauer,"[115]
der den Wirt prellt, weil er keinen „Draht" hat und weder
„blechen" kann noch auch „pumpen" will. Auch wenn wir etwa
einen (Kellner=) Lehrling mit „Stift" anrufen oder ihn sonst
„joppen," schales Bier, das er uns vorsetzt, als „Plempel"
bezeichnen, so drücken wir uns eigentlich rotwelsch aus (vgl. schon
A. Hempels WB., 1687: „Plempel = Bier [schlechthin]" und
„ein Stiftgen = ein Knäbgen"). Wie manche aus der Gauner=
sprache entlehnte Wörter (fremden oder einheimischen Ursprungs)
dürften vollends noch zu entdecken sein, wenn man die sog. „Idiotika"
einzelner Gegenden oder Städte daraufhin einmal genauer durch=
musterte.[116] In Braunschweig und Hannover kann man z. B.
noch jemand „mackeln," d. h. prügeln (vom hebr. makkâ[h],
Schlag) und in ganz Norddeutschland jemand „pisacken," d. h.
quälen, peinigen (rotw. spezieller: knebeln, binden, überwältigen;

---

[115] Der Streit um die Herkunft des Wortes „Nassauer" für Zech=
preller sowie des davon gebildeten Zeitwortes „nassauern" (vgl. u. a.: Zeit=
schrift für deutsche Wortforschung I, S. 3 [Behaghel], S. 273 [O. Weise
mit weitern Literaturangaben], II, S. 346 [R. Sprenger]) soll hiermit
keineswegs schlechthin entschieden sein; jedenfalls paßt aber die Bedeutung des
Ausdrucks (sowie auch die des Adj. „naß" = ohne Geld) in der Gauner=
sprache recht gut zu dem, was O. Weise, a. a. O., S. 273 über den Gebrauch
des Wortes naß in der ältern deutschen Literatur (Fischart, Hans Sachs,
Seb. Frank) mitgeteilt hat, wo z. B. „nasser Knabe" für verschmitzter
Gesell vorkommt. Über die Studentensprache (Ende des 18. Jahrh.) vgl.
Kluge, Deutsche Studentensprache, S. 109, Sp. 2 und S. 102, Sp. 1
unter „naß" und „Komment."

[116] Auch hierfür einige Beispiele bei Fr. Söhns, Die Parias usw.,
S. 22 ff. (besonders aus Norddeutschland) und bei Kluge in der Zeitschr.
des Allg. Deutsch. Sprachvereins, XVI, 1, 2, Sp. 10 u. 38 (besonders aus
Leipzig und Halle), die in der folgenden kurzen Auslese mit verwertet wurden.
Über Berlin bringt u. a. auch Hans Meyers „Richtiger Berliner" das
Wichtigste.

Etymologie [aus dem Hebräischen, Deutschen oder Englischen: be-seek, altengl. bi-seke, wofür Söhns, a. a. O., S. 86, Anm. 1] noch bestritten); in einzelnen Gegenden der Schweiz kennt man noch das Zeitwort „schlunen" für schlafen (verwandt mit dem besonders niederd. schlummern), in Süddeutschland vielfach „schwanzen" („schwänzen", im Liber Vagat.: schwentzen) für gehn, „linzen" („linsen") für sehen, horchen. Auch „acheln" oder „menckeln" für essen, „ganfen" oder „janfen" für stehlen, „tippeln" für gehn, „stenzen" für prügeln (zu rotw. Stenz, Stock, Prügel), „Kawrusche" oder „Kabruge" für Gesellschaft, „Kluft" für Kleid, Anzug, „Krone" für Frau, „Musche" oder „Mosche" für Mädchen, „Poscher" oder „Boscher" für Groschen, „Kittchen" für Gefängnis u. a. m.[117]) sind heute noch hier und da verbreitete alte Gaunerwörter. Wie stolz ist der Berliner auf die von ihm erfundne tonmalende Bezeichnung „Bibber" für den geleeartigen Pudding (vom dial. bibbern, bibern, bebbern, bebern = beben, ahd. bibên, mhd. biben, zittern, frieren) oder der Bewohner der Kaiserstadt an der blauen Donau auf die dort zuerst in Aufnahme gekommenen, jetzt allgemein gebrauchten Ausdrücke „radeln" und „Radler" (für die früher dafür üb= lichen Fremdwörter: Veloziped fahren und Velozipedist), und doch klingen auch diese Neubildungen stark an gewisse rotwelsche Vo= kabeln an.[118)

---

[117]) Die meisten dieser Ausdrücke sind schon früher näher betrachtet worden. Über „Kawrusche," das aus dem Hebräischen stammt, s. Avé= Lallemant, IV, S. 529 unter „Chawer"; über (das z. B. in Leipzig für Frau gebräuchliche) „Krone" vgl. Stumme, a. a. O., S. 23 und desselben Verfassers „Maltesische Studien" (= Heft 4 der „Leipziger Semitistischen Studien," Bd. I), S. 114; über „Poscher" („Boscher"): Wagner in Herrigs Archiv, Bd. 33, S. 240 vbb. mit Kluge in der Zeitschr. d. Allg. Deutsch. Sprachv., XVI, Sp. 8. — Bemerkenswert ist noch, daß „Klunte" im Magdeburgischen jetzt als Kosewort für Mädchen gebraucht wird, während es im Rotwelsch (in den Formen: Klonthe, Klunde, Glunte, Glunde u. a. m.) durchweg die Hure bedeutet hat. Vgl. Söhns, a. a. O., S. 31, 32, der das Wort vom hebr. kālōn, Schande herleitet.

[118)] Vgl. bibern, frieren, es bibert mich, es friert mich, ver= bibern, erfrieren, biberisch, kalt (nach Pollak, S. 207: ängstlich, er=

Aber nicht bloß zahlreiche einzelne Wörter, auch manche ganze Redensart verdankt endlich unsre Muttersprache den Gaunern und ihrem Treiben, was man zum Teil freilich erst in neuerer Zeit herausgebracht hat. Kluge hat z. B. kürzlich (in der Zeitschr. d. Allg. Deutsch. Sprachv., XVI, 1, Sp. 8) nachgewiesen, daß die bekannte, in unsrer Schriftsprache zuerst bei Hans Sachs belegte Umschreibung „jemand den roten Hahn aufs Dach setzen" (oder „fliegen lassen") für jemandes Haus in Brand setzen — die man seit Jakob Grimm meistens auf mythologische Vorstellungen vom Feuer als einem lebendigen Wesen zurückzuführen pflegte — mit den sogenannten Gaunerzinken, d. h. den Geheimzeichen der Gauner[119]) in Verbindung steht. Unter diesen, die öfter mit Rötel an Kirchen, Kapellen, einsamen Kreuzen und Straßenecken angebracht wurden, soll nämlich ein Hahn Brandstiftung bedeutet haben. Mit denselben Zeichen darf aber wohl auch die Redensart „jemand den Zinken stechen (stecken)," wenigstens in dem Sinne von „einem (heimlich) etwas zu verstehn geben" (schon im Baseler Glossar von 1733 für „Zeichen geben"), in Zusammenhang gebracht werden,[120]) während die (aller-

---

schrocken), Piberling, Eis und piberisch Mandl, Herbst (bei Karmayer); radeln, gradeln, fahren, abradeln, einradeln, ab-, einfahren, Radler, Droschkenkutscher, Fiaker, Straberadler, Lohn-, Landkutscher, Radling, Rädling, Wagen usw.

[119]) Die Etymologie des Wortes Zink (Zinken) ist bestritten. Ältere Ansichten bei Avé-Lallemant (II, S. 52, Anm. 2, 3 u. IV, S. 624: Herleitung vom zigeun. sung, Geruch [im Anschluß an Pott, Zigeun., II, S. 226/27; vgl. auch noch Kleinpaul, Das Fremdwort, S. 54]) und Wagner (in Herrigs Archiv, Bd. 33, S. 217: Herleitung vom latein. signum oder französ. signe). Für Ableitung aus dem Deutschen (Zinke, ahd. zinko, mhd. zinke = Zacke, Spitze [besonders an der Gabel]) neuerdings Groß, Handb. I, S. 318. Hier (S. 318/19 u. Anmerkungen), ferner in einem Aufsatze von Groß in seinem Archiv für Krim.-Anthrop., Bd. II (1899), S. 12—17 sowie bei Kluge, Rotw. I, S. 96 ff. auch Literaturangaben über die Geschichte der Gaunerzinken.

[120]) Näheres hierzu in meinen „Deutschen Rechtsaltertümern in unsrer heutigen deutschen Sprache," S. 128, Anm. 3; vgl. auch Groß, Handb. I, S. 318, Anm. 2.

dings bestrittne) Zurückführung der noch immer volkstümlichen Wendung „Manschetten vor etwas haben" (mit der Bedeutung „sich vor etwas fürchten") auf die Handschellen des Verurteilten durch das Vorkommen des Wortes „Manschetten" in demselben Sinne in der Gaunersprache (s. oben S. 20) wenigstens eine nicht unwesentliche Unterstützung erfährt. Schon länger war es bekannt, daß es sich in der zuerst bei den Studenten aufgekommnen Redensart „Moses (Mosen) und die Propheten haben" für: über Geld verfügen [121]) um ein Wortspiel handelt, in dem „Moses" (anfänglich noch Neutrum) aus dem gaunerischen „Moos" (= Geld) gemacht ist. Dasselbe Wort steckt aber auch in dem sonderbaren „wissen, wo Barthel Most holt." Da nämlich die Redensart „ins Dorf gehn und Moos holen" für: in den Geldbeutel („Dorf," „Torf") greifen und stehlen mehrfach in rotwelschen Wörtersammlungen bezeugt ist, so braucht man nur noch den „Barthel" nicht sowohl als Eigennamen — obgleich er unter den Gaunern nicht gerade selten gewesen ist — als vielmehr als eine Abkürzung des jüdisch-deutschen „Schaberbarthel" (Stemm- oder Brecheisen, s. oben S. 80) aufzufassen, damit die Wendung nichts Rätselhaftes mehr an sich hat. [122]) Und solche Erklärungen scheinbarer Rätsel in unsrer Sprache gibt es gewiß noch viele. [123])

So sehen wir denn, daß eine Bekanntschaft mit der Gaunersprache auch dem Philologen nach verschiednen Richtungen hin als ein willkommnes Hilfsmittel seiner Studien dienen kann Wenn uns auch der zweite Band des Klugeschen Unternehmens erst beschert ist, und dann endlich einmal die vielen Hypothesen beseitigt, die Streitfragen, die zurzeit das Studium des Rotwelsch

---

[121]) Die zuweilen auch zu hörende Redensart „jemand Moses und die Propheten (kennen) lehren" ist wohl nur eine Entstellung aus „jemand mores lehren"; vgl. Krüger, Eigennamen als Gattungsnamen, S. 5.

[122]) Vgl. hierzu auch O. Weise, Unsre Muttersprache usw. (4. Aufl.), S. 209.

[123]) Erwähnt sei hier noch der (allerdings wohl reichlich kühne) Versuch Avé-Lallemants (IV, S. 556), die ihrem Ursprunge nach immer noch bestrittene Redensart „jemand beim Schlafittchen kriegen" auf das rotwelsche Claffot (s. oben S. 54) zurückzuführen.

noch so sehr erschweren, in wissenschaftlich=kritischer Weise ent=
schieden sind, dann werden es gewiß auch unsre Germanisten
nicht an Eifer fehlen lassen, sich dieses Werkes als einer wert=
vollen Handhabe bei der Erforschung unsers Wortschatzes zu be=
dienen. Die deutsche Gaunersprache wird dann aufhören, das
Steckenpferd einiger juristischer „Amateure" zu sein, und gewürdigt
werden als das, was sie von jeher gewesen ist: ein wichtiger,
zwar unlautern Zwecken entsprossener, mit manchem ausländischen
Flitterwerke verbrämter, in seinem Innersten aber echt und kräftig
gebliebner Zweig unsrer deutschen Volkssprache.

Verlag von Fr. Wilh. Grunow in Leipzig

Deutsche
Rechtsaltertümer
in unſrer heutigen deutſchen Sprache

von

L. Günther
Profeſſor an der Univerſität Gießen

Broſchiert 2½ Mark

Die Aufſätze Günthers über das hier behandelte Thema haben ſchon bei ihrem Erſcheinen in den Grenzboten lebhaftes Intereſſe erregt. Daß ſie jetzt, durch den zweckmäßigerweiſe an das Ende des Buches verwieſenen gelehrten Apparat ergänzt, als ſelbſtändiges Werk der allgemeinen Benutzung zugänglich gemacht werden, verdient volle Billigung. Solche Darſtellungen ſind geeignet, in der Maſſe der Gebildeten die ſo häufig vermißte Anteilnahme am Rechtsleben zu erwecken und dadurch der unleugbaren Entfremdung zwiſchen dem Volk als Geſamtheit und den ſachmänniſchen Trägern des Rechts entgegenzuarbeiten. Gerade in unſrer Zeit kommt aber die Güntherſche Darſtellung noch einem andern Bedürfnis entgegen. Die moderne Kodifikationstätigkeit verwiſcht ſelbſt bei den Juriſten nicht ſelten das Verſtändnis für die Bedeutung der geſchichtlichen Entwicklung des Rechts: ſolcher Richtung gegenüber wird Günthers anregendes Buch konſervierend wirken. (Literar. Zentralblatt)

Verlag von Fr. Wilh. Grunow in Leipzig

Die Grenzboten

Zeitschrift für Politik, Literatur und Kunst

64. Jahrgang 1905

Preis für das Vierteljahr 6 Mark

Wöchentlich ein Heft

Mit dem Jahre 1905 haben die Grenzboten ihren 64. Jahrgang begonnen, frisch und kampfeslustig wie immer. Von jeher haben sie für deutsche Art und deutsches Recht gestritten. Mit dem aufsteigenden Stern unsers Vaterlandes haben im einzelnen auch für sie die Ziele gewechselt.

Sie predigen heute auf wirtschaftlich-sozialem Gebiet nicht den Klassenkampf für die Herrschaft irgendeines Standes, sondern die Versöhnung, den Ausgleich der Klassen untereinander zum Wohle aller auf dem Boden der nationalen Wirtschaftspolitik. Sie wollen die deutsche Industrie und den deutschen Handel gefördert wissen, weil wir ohne sie nicht mehr leben können, aber sie wollen auch die deutsche Landwirtschaft und einen ehrenfesten Grundbesitzerstand als die feste Grundlage unsers wirtschaftlichen und sozialen Lebens erhalten wissen.

Sie begrüßen es mit Befriedigung, daß sich in der Kunst ein neues Leben regt, aber sie halten fest an dem Zusammenhange mit der großen Vergangenheit, an dem unvergänglichen Streben aller echten Kunst, über das Gemeine und das Alltägliche in reinere, sonnigere Regionen zu erheben; sie beugen sich nicht vor dem Neuen, nur weil es neu ist, und lehnen alle aufdringlichen Modetorheiten ab.

Sie tun dasselbe auf dem Gebiete der Literatur. Von dem geistlosen modernen Naturalismus und Pessimismus, der so oft mit Behagen im physischen und moralischen Schmutze wühlt, wollen sie nichts wissen; sie vertreten auch hier das Wahre und das Echte in der Menschennatur, und das ist zuletzt immer das Gute und das Schöne.

In diesem Idealismus wollen sie unserm Volk auch die christliche und humanistische Grundlage seiner nationalen Bildung erhalten wissen. Sie wollen nichts wissen von konfessioneller Engherzigkeit, die unserm kirchlich nun einmal gespaltnen Volke verderblicher geworden ist und wieder werden könnte als jedem andern.

Eine Zeitschrift mit solchen Tendenzen dient keiner Partei, sie dient dem Vaterlande.

Druck von Karl Marquart in Leipzig